Carnet de point de croix

Cuisine

Carnet de point de croix

Cuisine

Marie-Anne Réthoret-Mélin

photographies : Julien Clapot
stylisme : Audrey Kerdoncuff

MANGO *PRATIQUE*

Édition: Virginie Revault d'Allonnes
et Anne-Laure Couvreur
Mise en page : Camille Fuger

Dépôt légal : janvier 2007
ISBN : 978 2 84270 623-4
N° Éditeur : M08092

Achevé d'imprimer en France par IME en avril 2008
Photogravure : Digi France
Édition 03

Cuisine

introduction

Facile à réaliser, sur tous les tissus, avec toutes sortes de fils, la broderie au point de croix et au point arrière est un jeu d'enfant. Le point est des plus simples, il suffit de savoir compter et de suivre la grille.

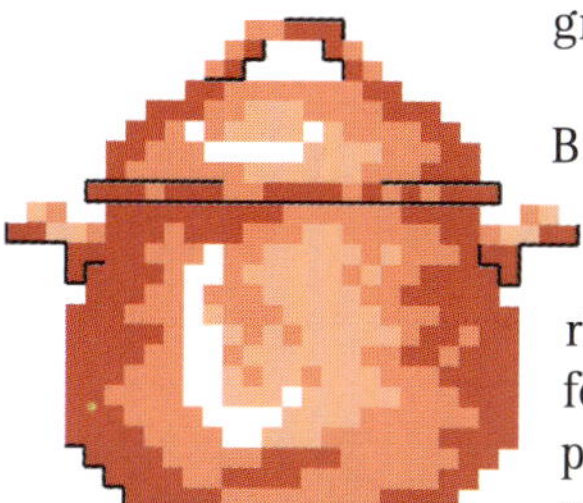

Batterie de cuisine en cuivre, verres en cristal, assiettes en porcelaine ou encore grille-pain, réfrigérateur et cuisinière à gaz : que votre intérieur soit classique ou moderne, vous retrouverez forcement votre univers dans ce carnet. Par quelques points rapides, découvrez des cuisines d'inspiration provençale, alsacienne ou encore marocaine, qui sont autant d'invitations à la broderie.

Ce livre fourmillant de suggestions est le point de départ idéal pour imaginer, concevoir et réaliser ses propres créations. Brodeuses, débutantes ou confirmées, utilisez-le comme une boîte à idées : feuilletez, piochez, mélangez les modèles, changez les couleurs, utilisez des toiles différentes, composez de nouveaux tableaux...

Tel le dessinateur qui a toujours sur lui un carnet de croquis, emportez partout ce carnet de point de croix et brodez sans modération.

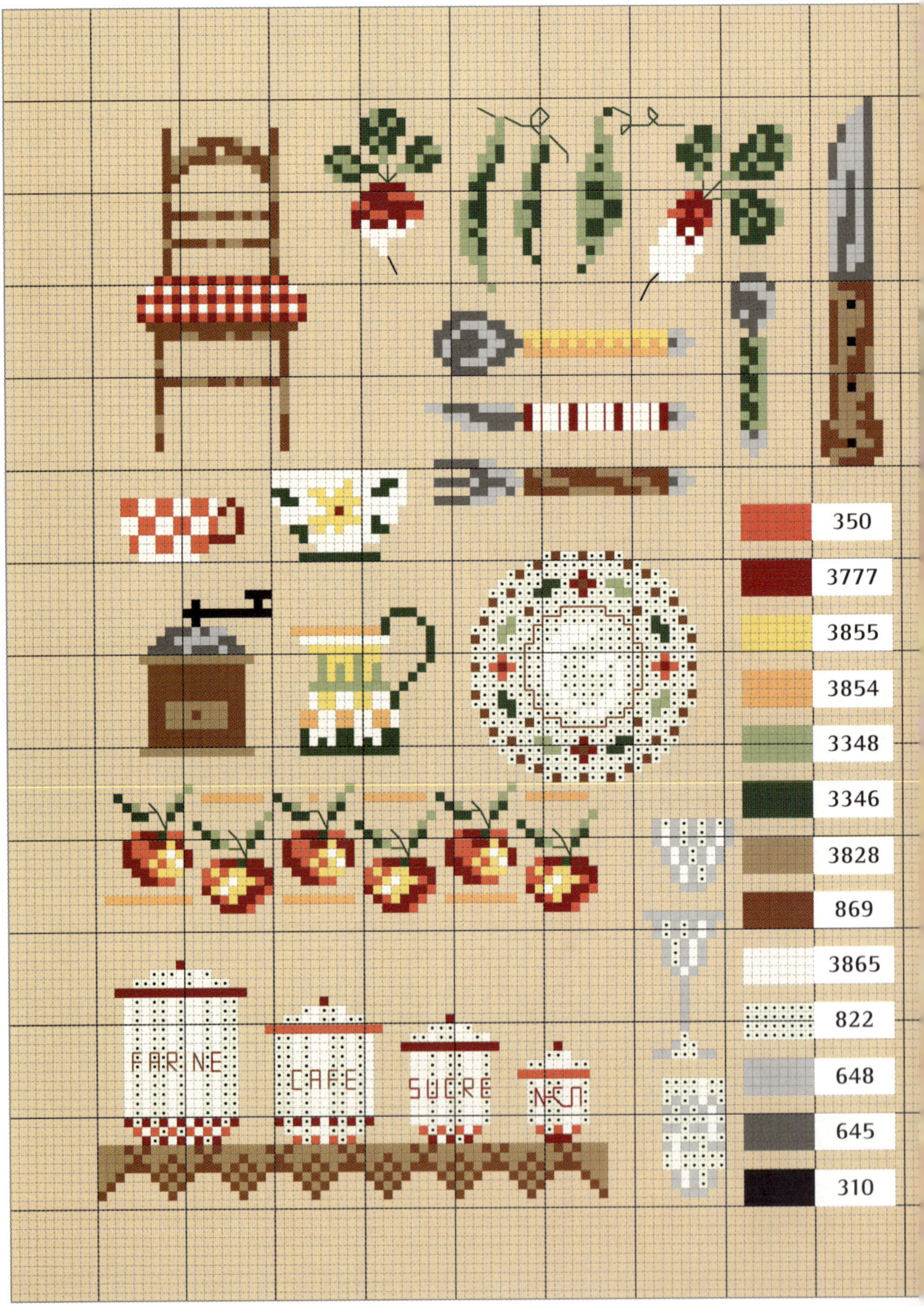
350
3777
3855
3854
3348
3346
3828
869
3865
822
648
645
310
FARINE
CAFE
SUCRE

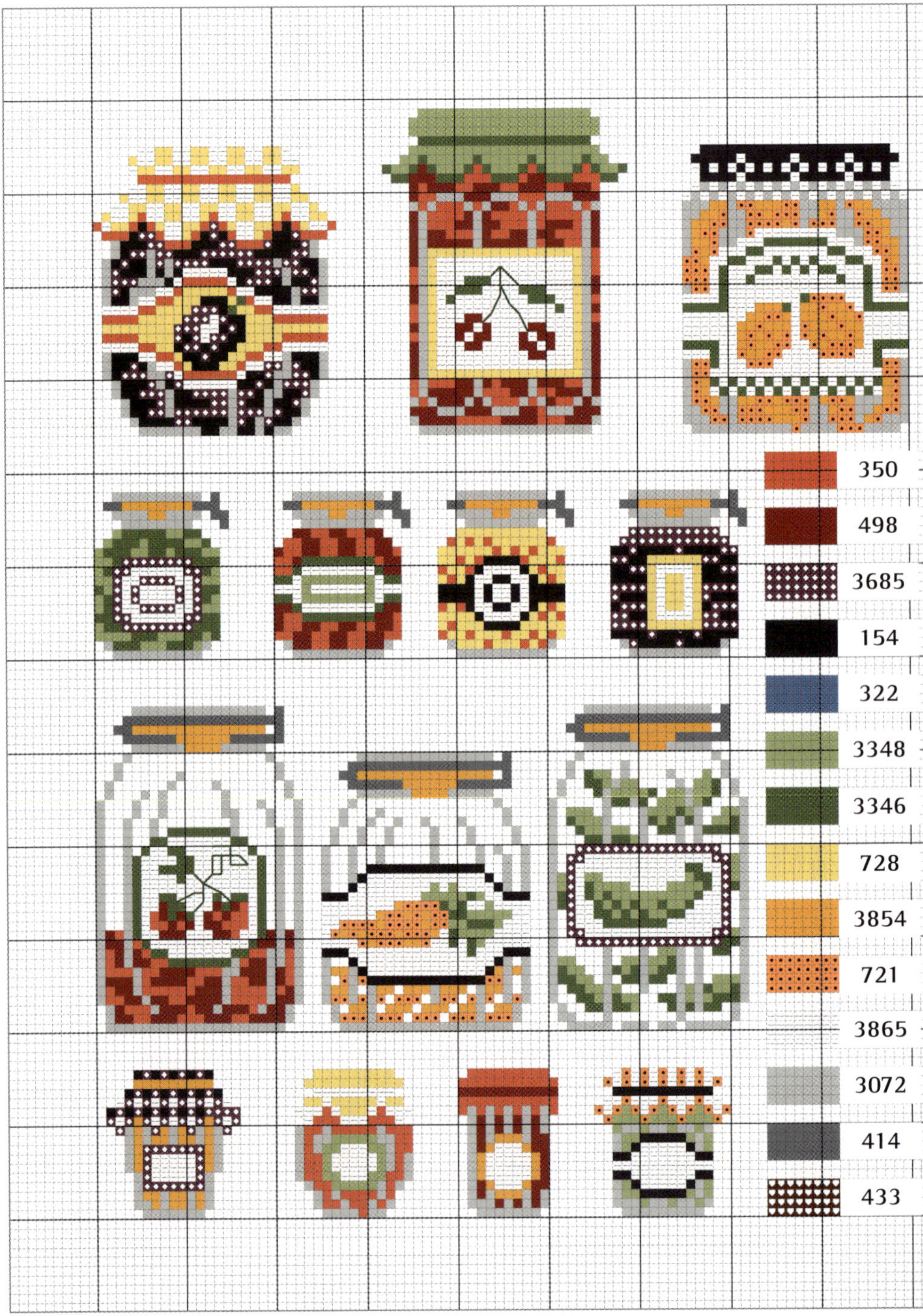
350
498
3685
154
322
3348
3346
728
3854
721
3865
3072
414
433

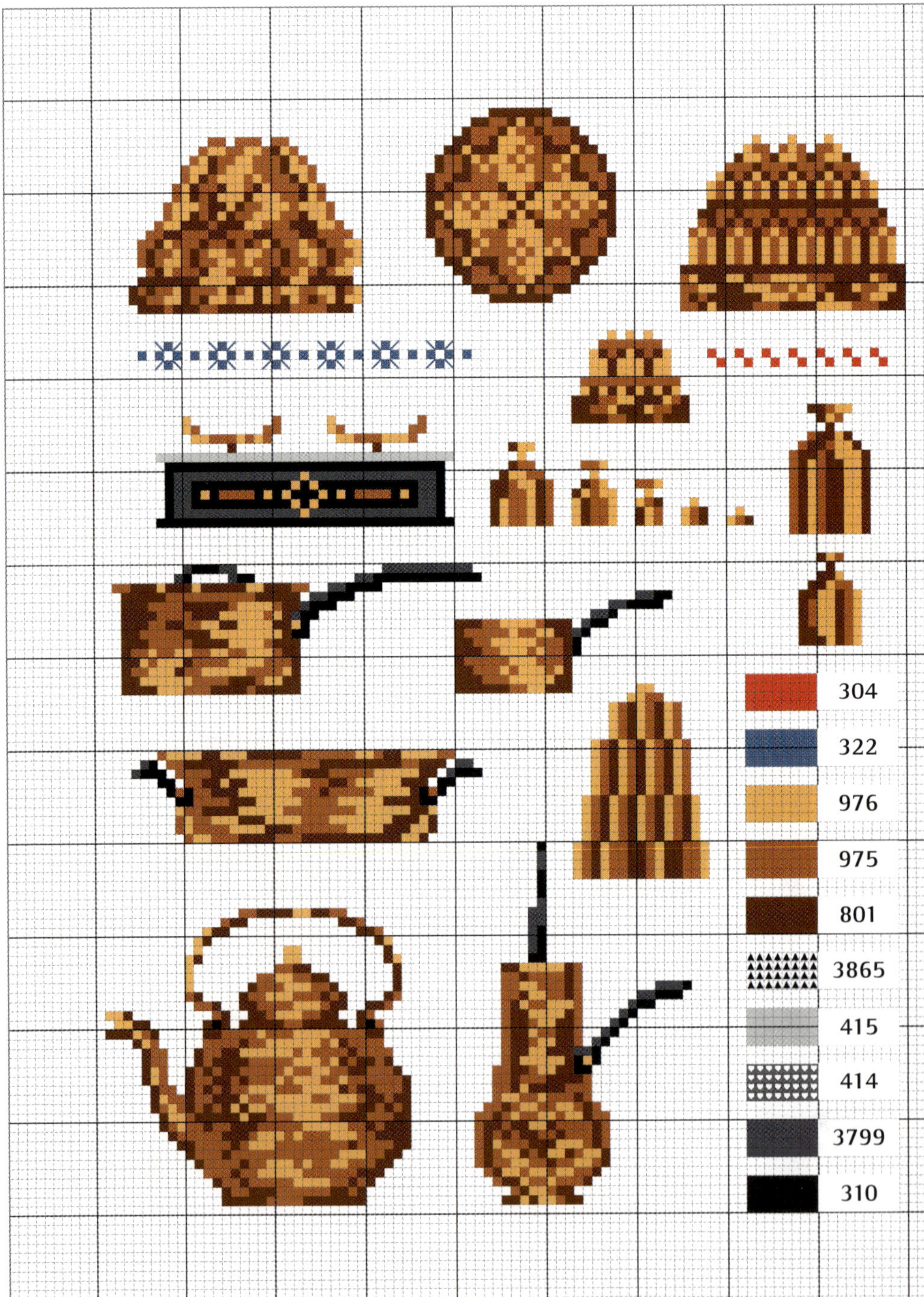
304
322
976
975
801
3865
415
414
3799
310

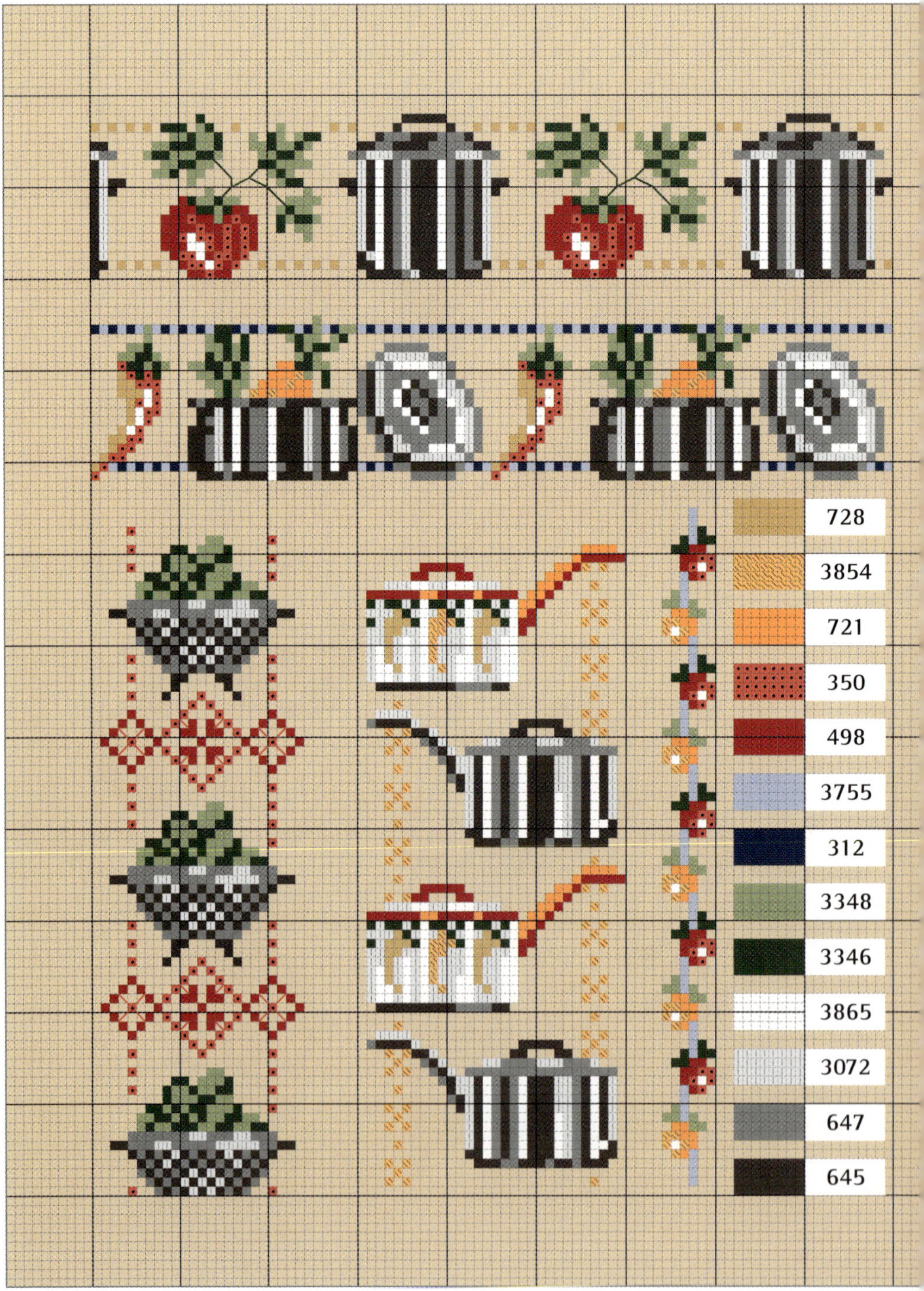
728
3854
721
350
498
3755
312
3348
3346
3865
3072
647
645

LIVRE
de
CUISINE

- 350
- 3755
- 312
- 3348
- 3346
- 728
- 3854
- 721
- 498
- 945
- 435
- 801
- 3865
- 3072
- 415
- 414
- 3799

JE SUiS
AU
MARCHE

LE CHEF

MENU DU JOUR
bouillon aux ravioles
salade au magret
pommes de terre au four
cheesecake coulis fraise

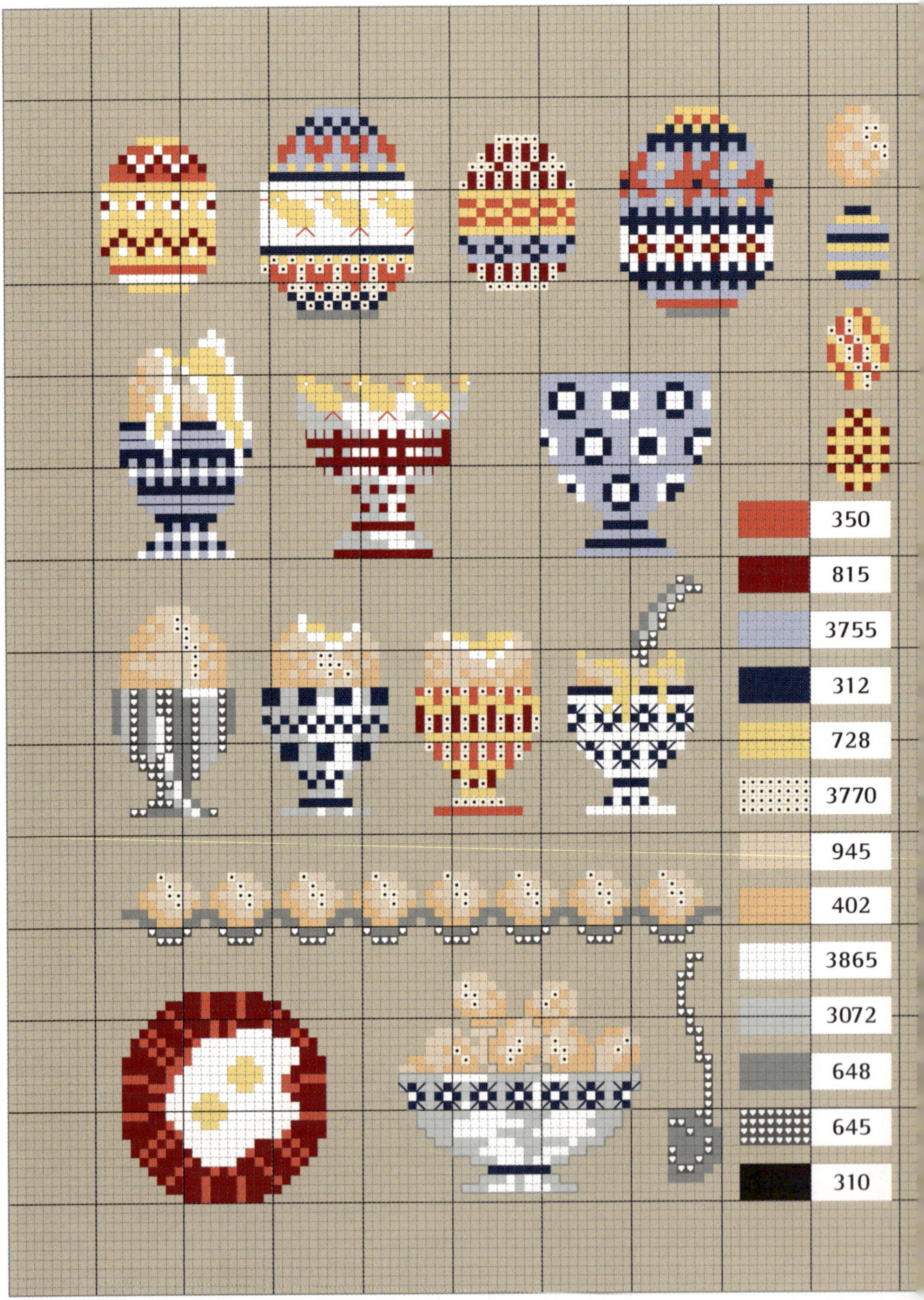
350
815
3755
312
728
3770
945
402
3865
3072
648
645
310

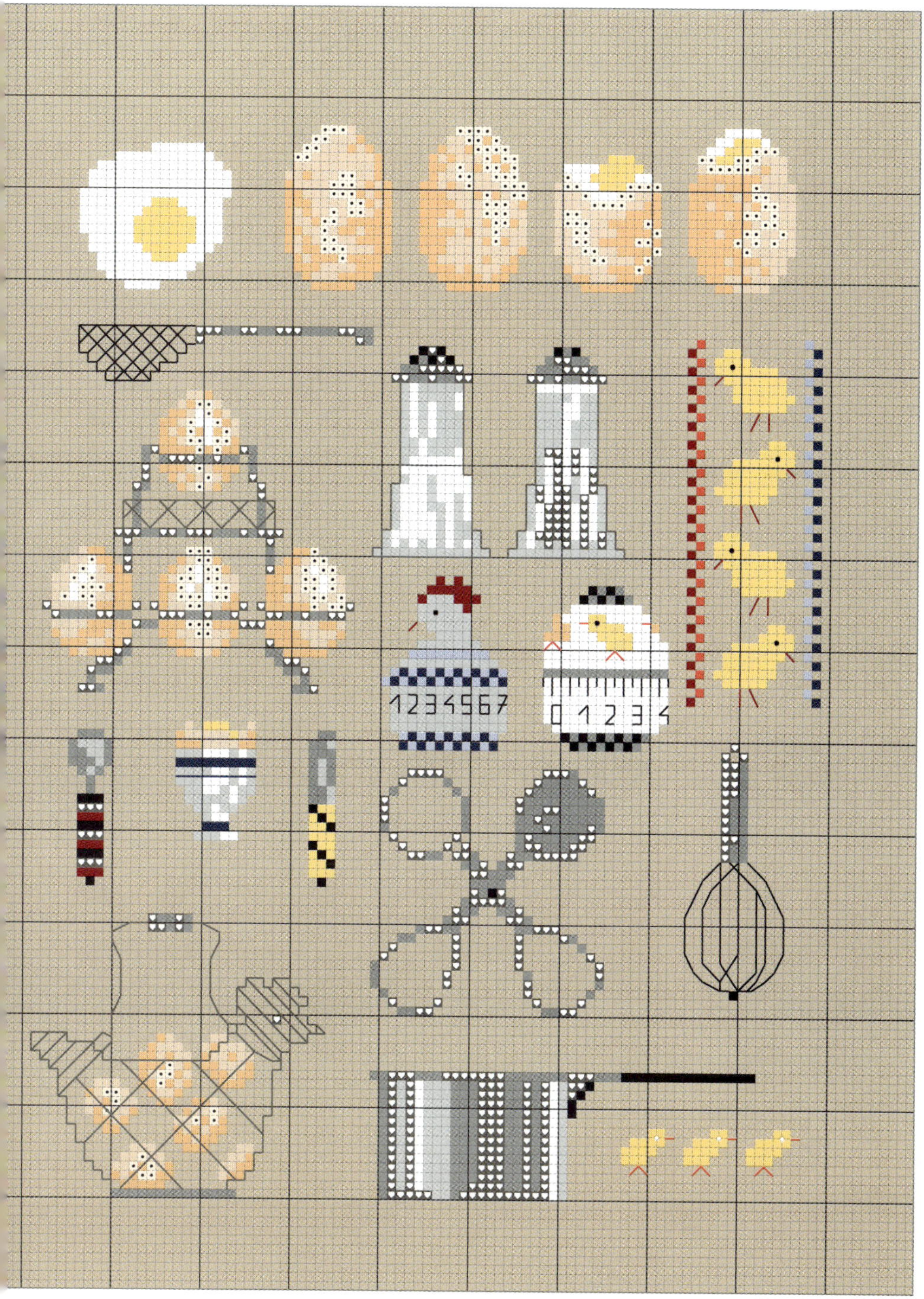
1234567
01234

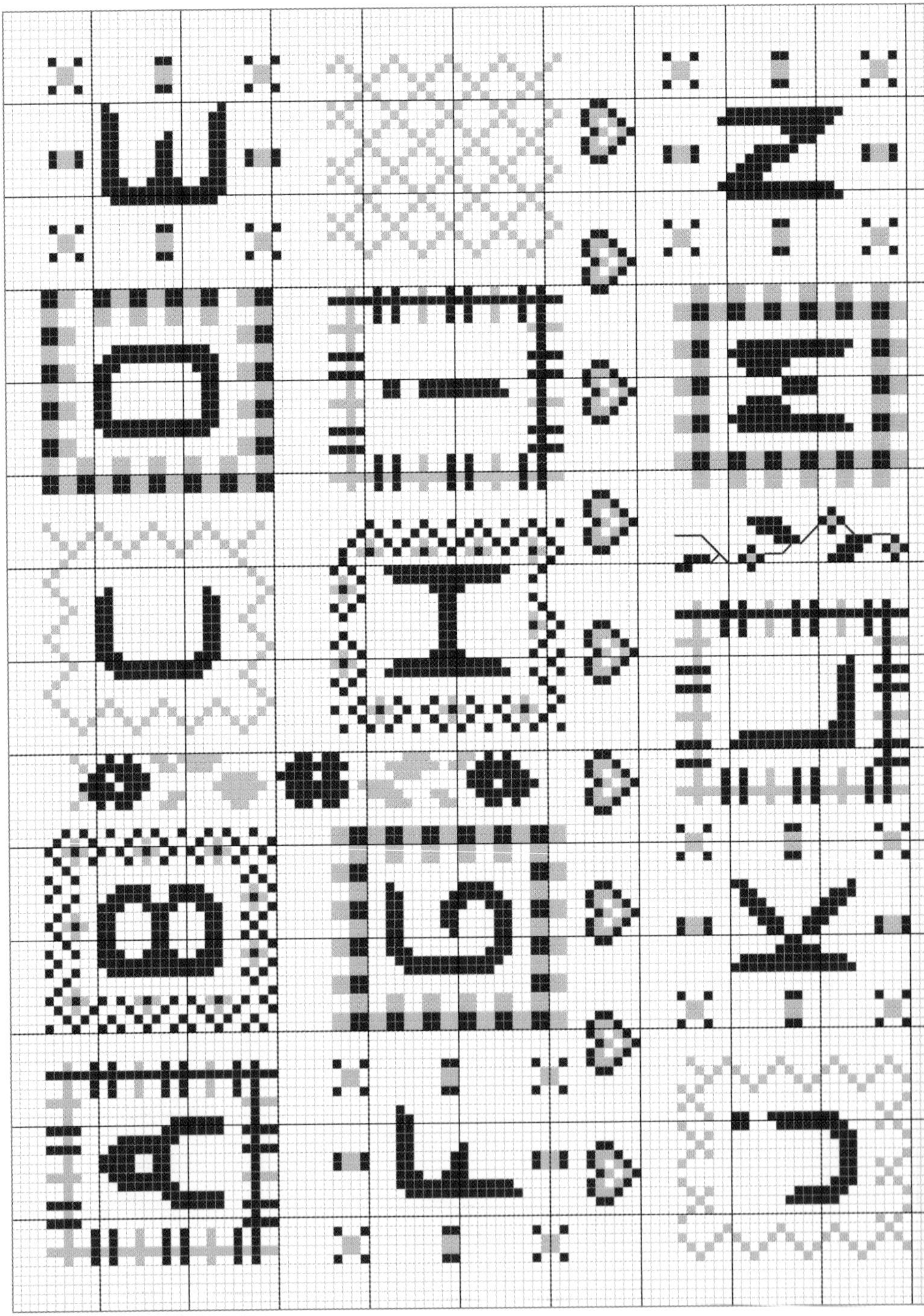

3755
312

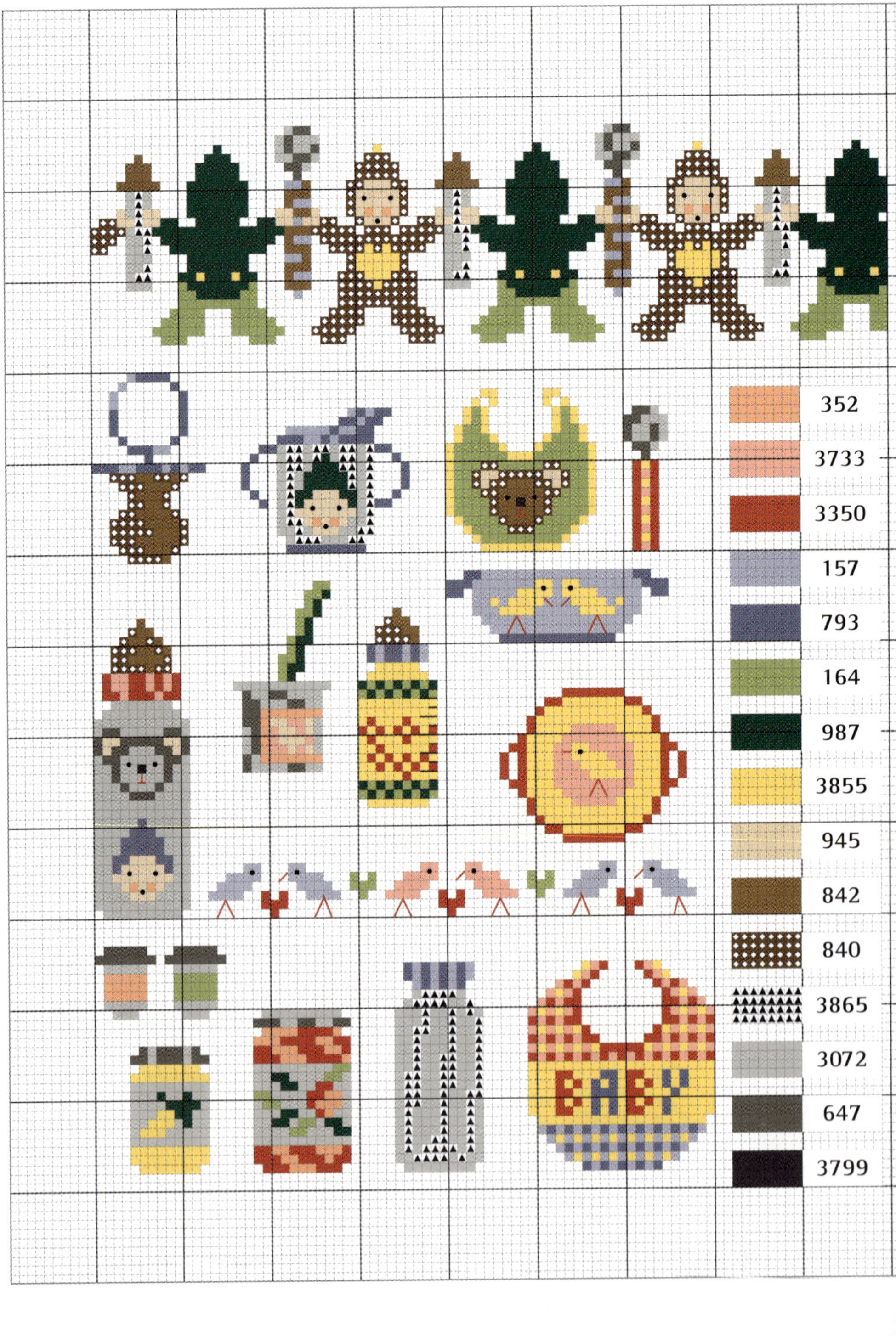
BABY
352
3733
3350
157
793
164
987
3855
945
842
840
3865
3072
647
3799

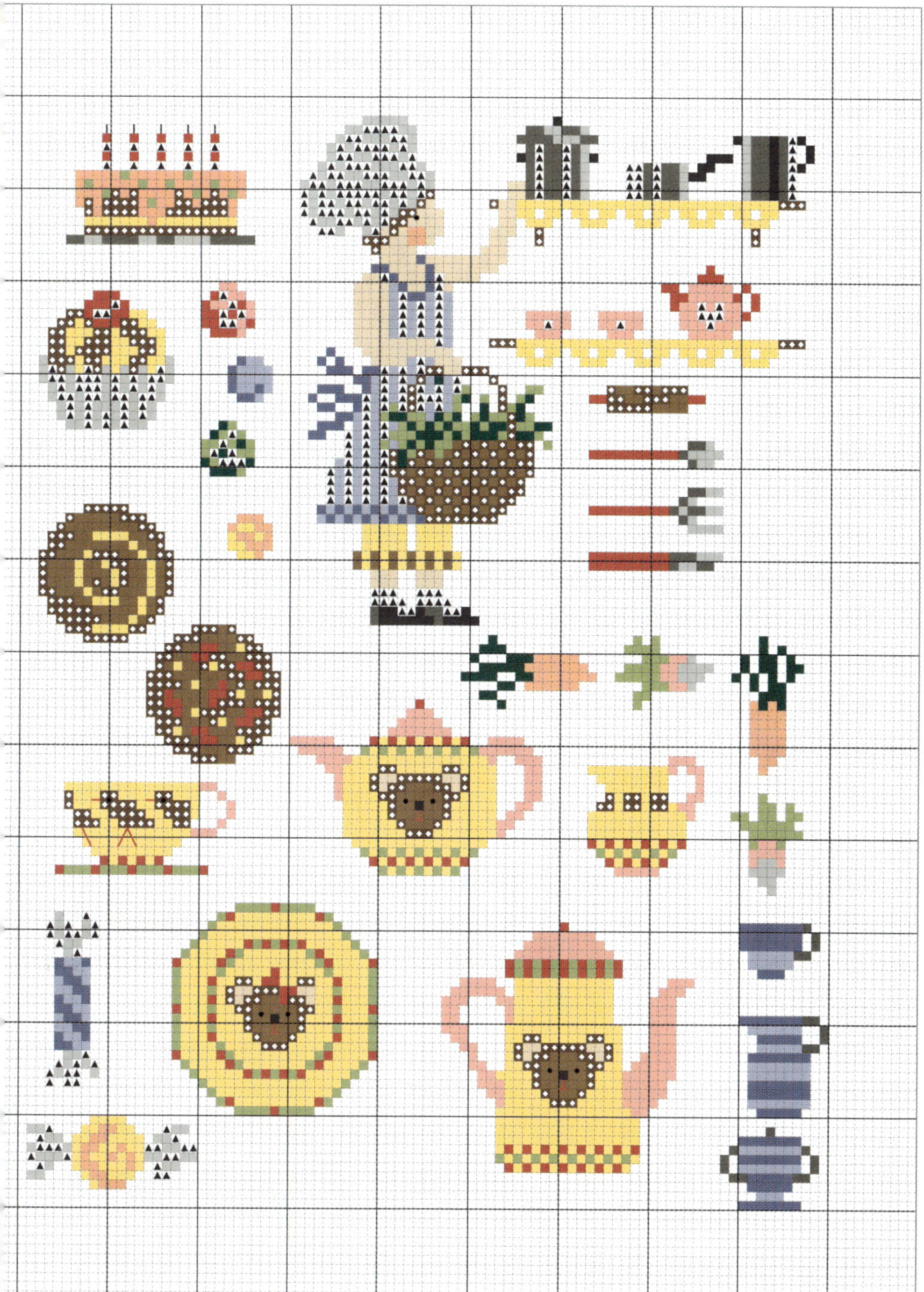

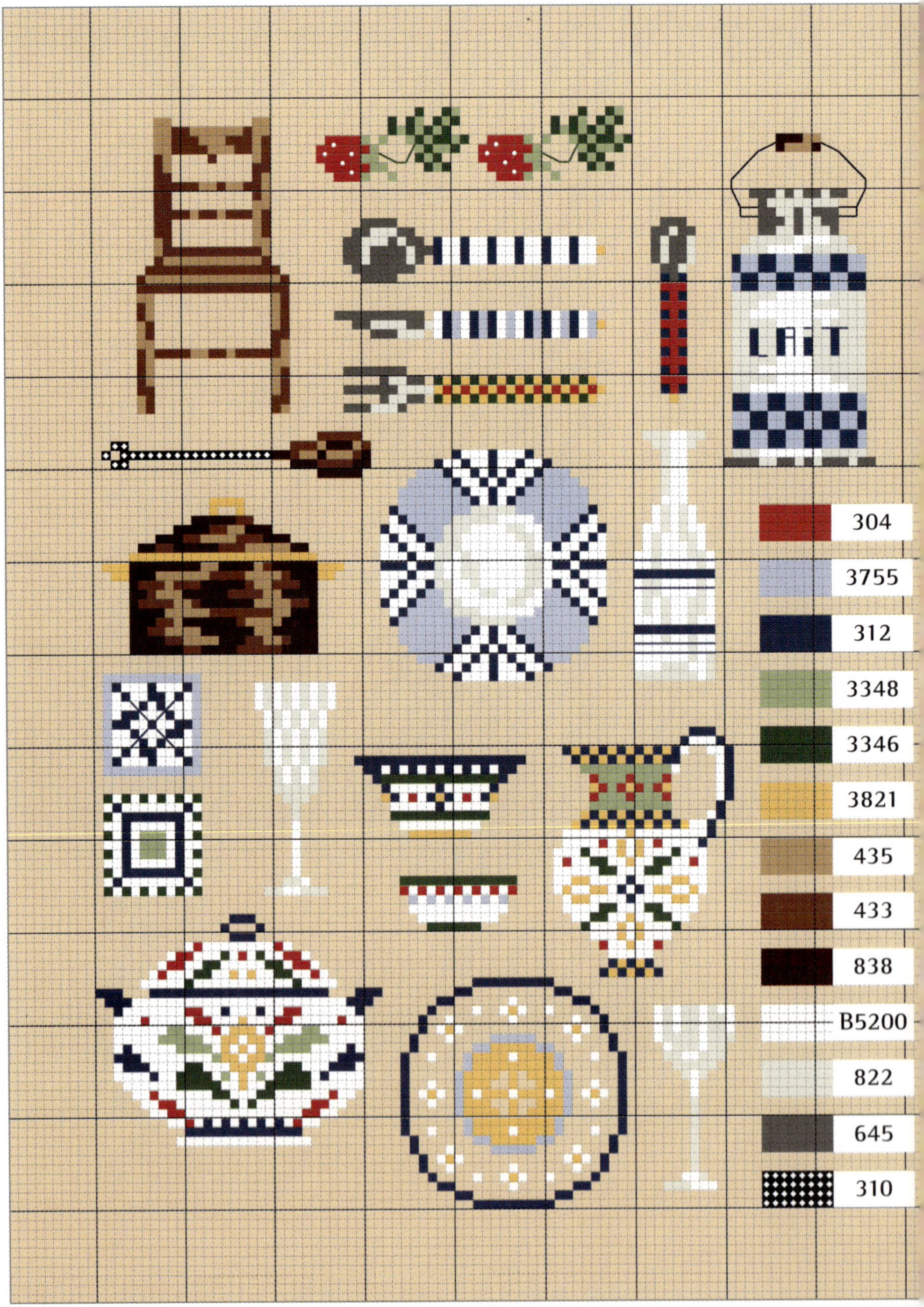
LAIT
304
3755
312
3348
3346
3821
435
433
838
B5200
822
645
310

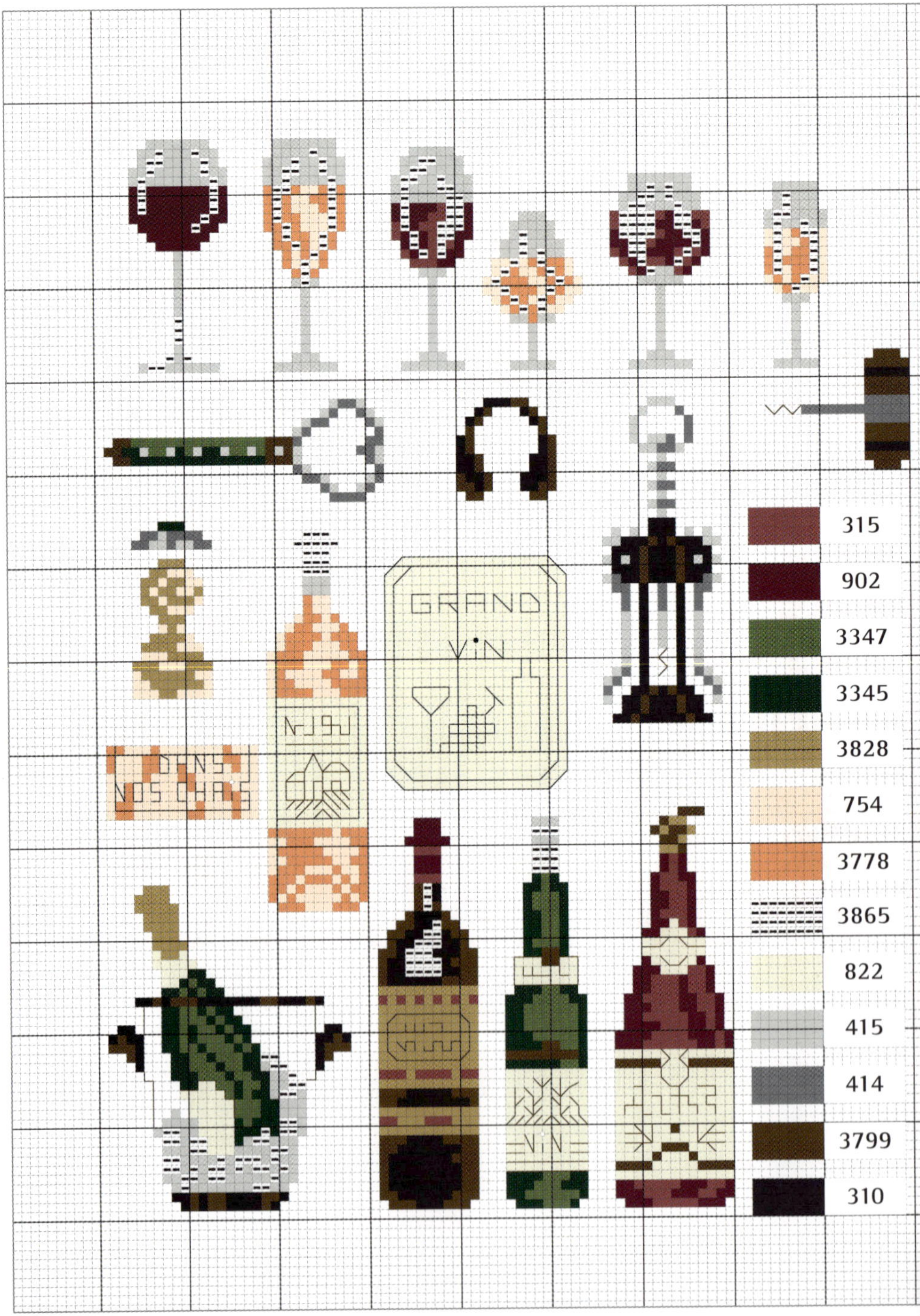
GRAND
VIN
DANS
NOS CHAIS
VIN
315
902
3347
3345
3828
754
3778
3865
822
415
414
3799
310

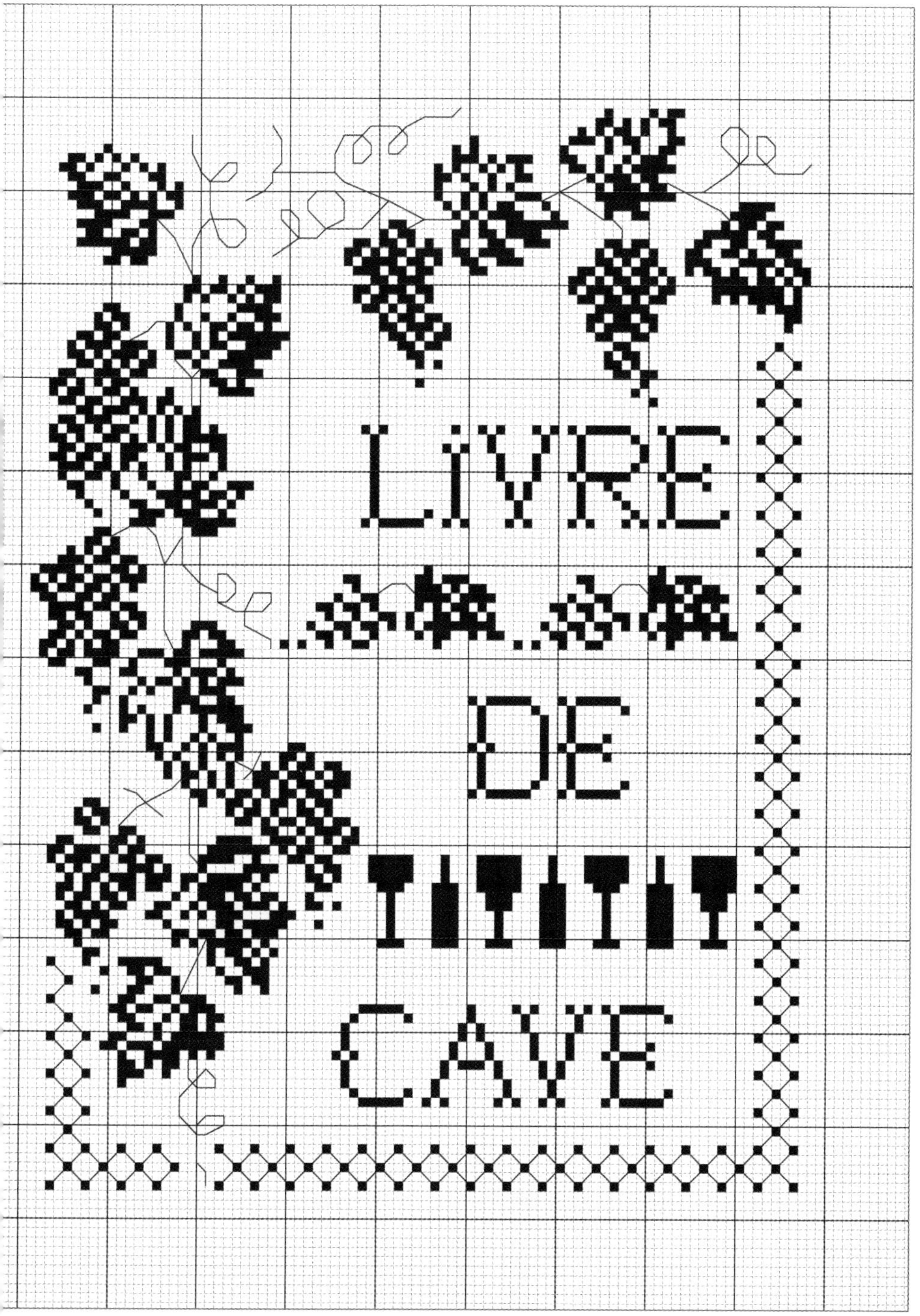
LIVRE
DE
CAVE

13,5%

DANS
LE ROI
DE LA
CAVE

350
322
3348
3855
842
840
3865
415
414
3799
310

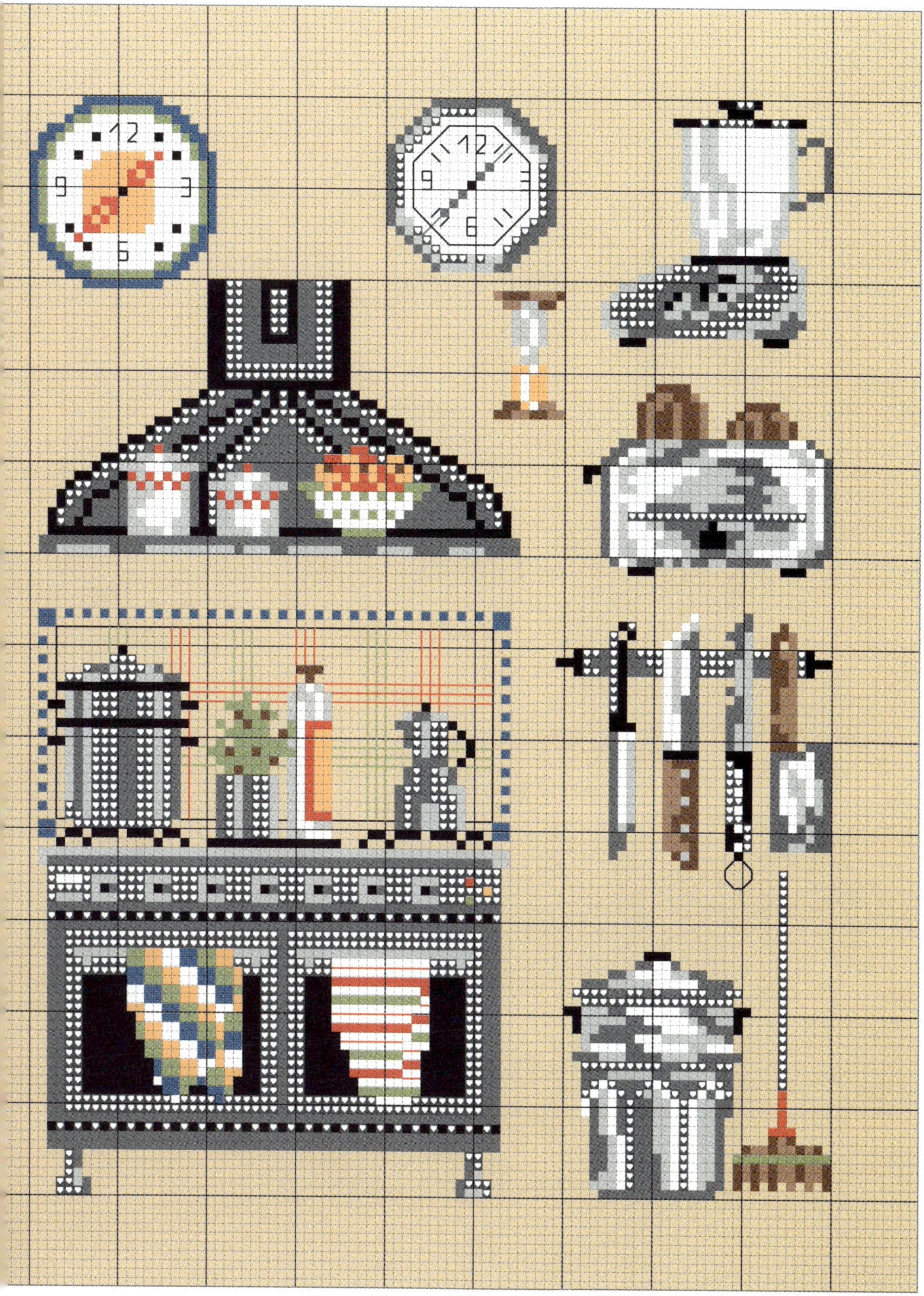

3733	3348	435	838
315	3346	434	3865
793	834	801	822

CAFE
648
645
415
3790
414
310
CAFE AU LAIT
CAFE CREME
CAFE NOIR

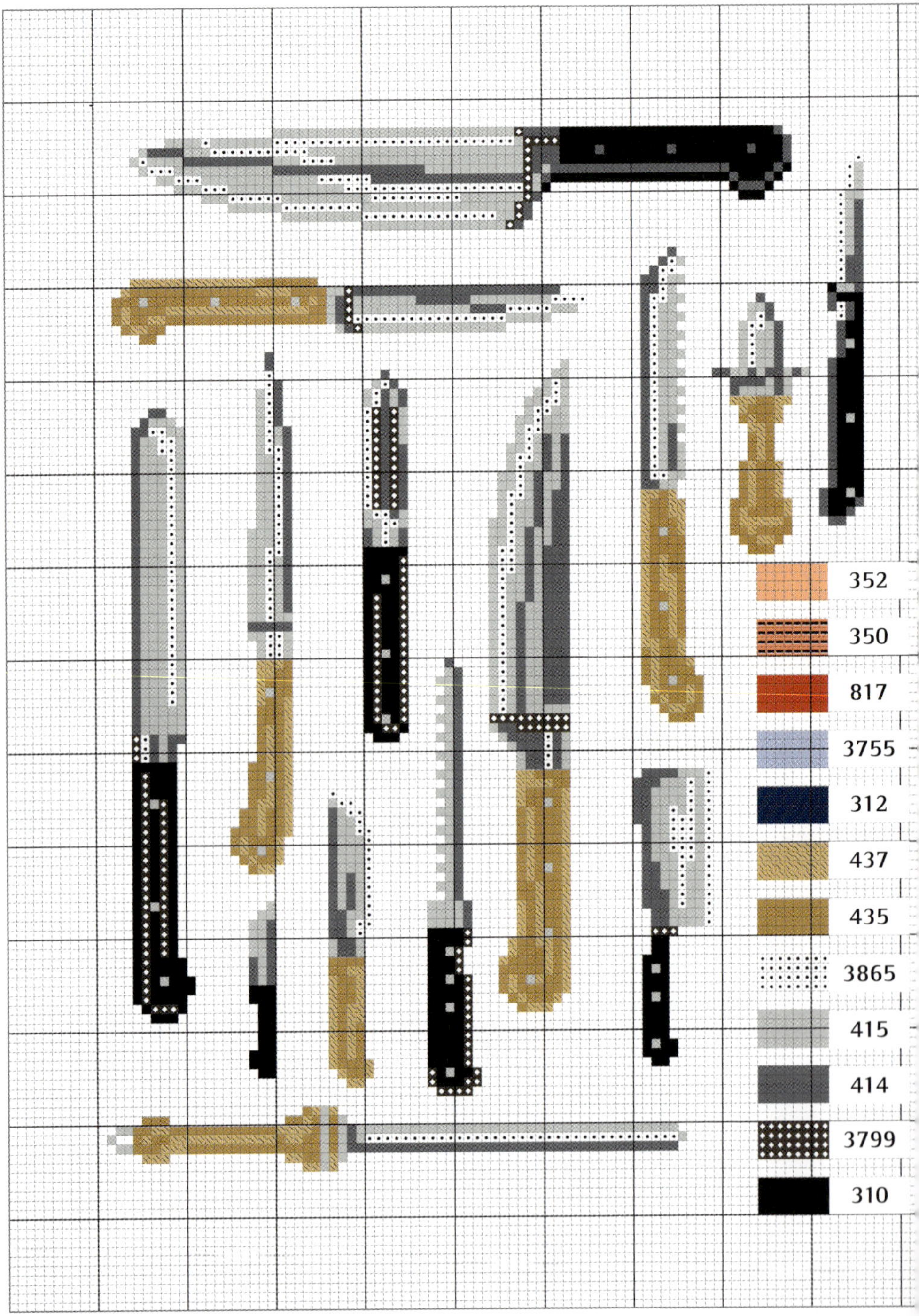
352
350
817
3755
312
437
435
3865
415
414
3799
310

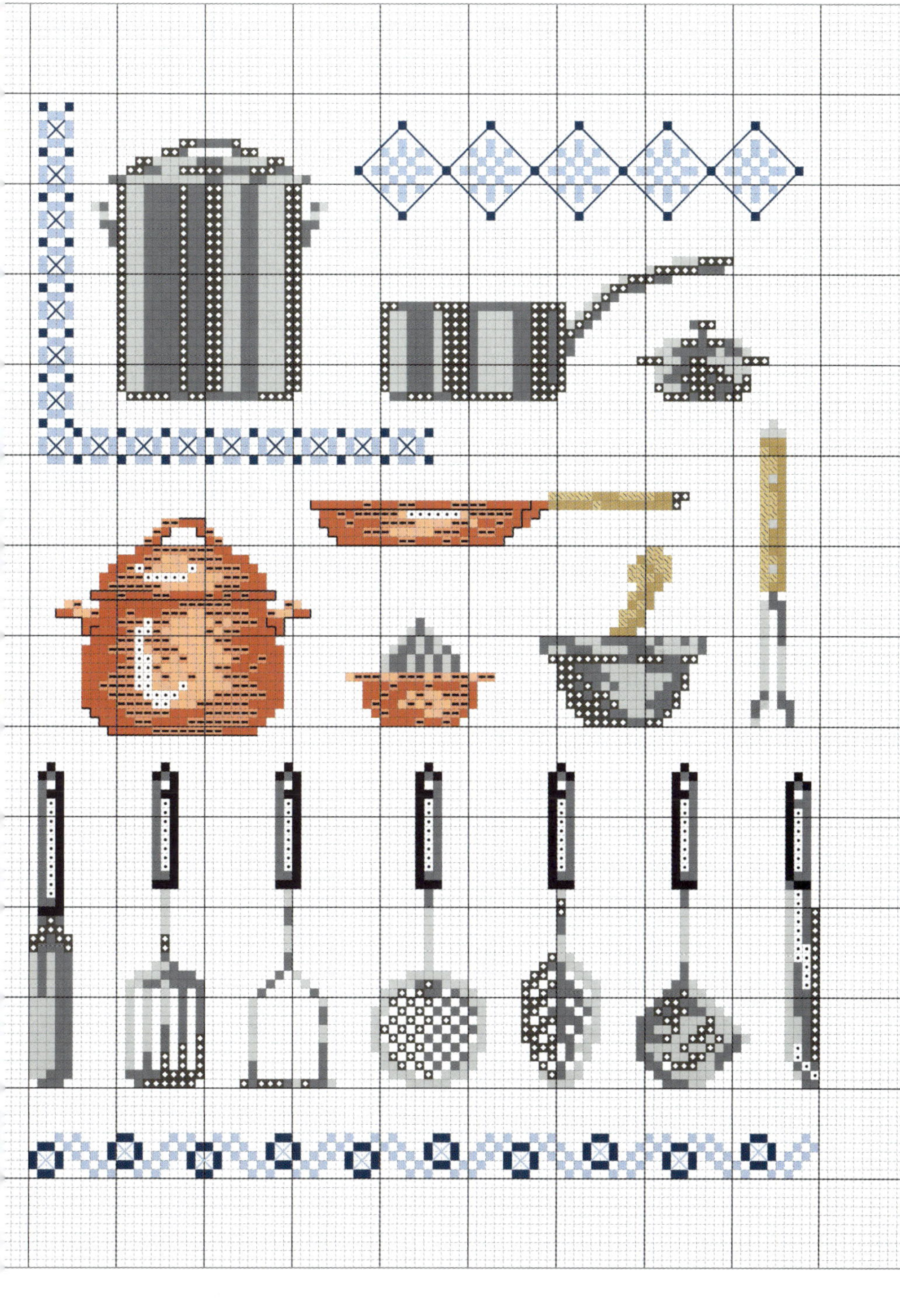

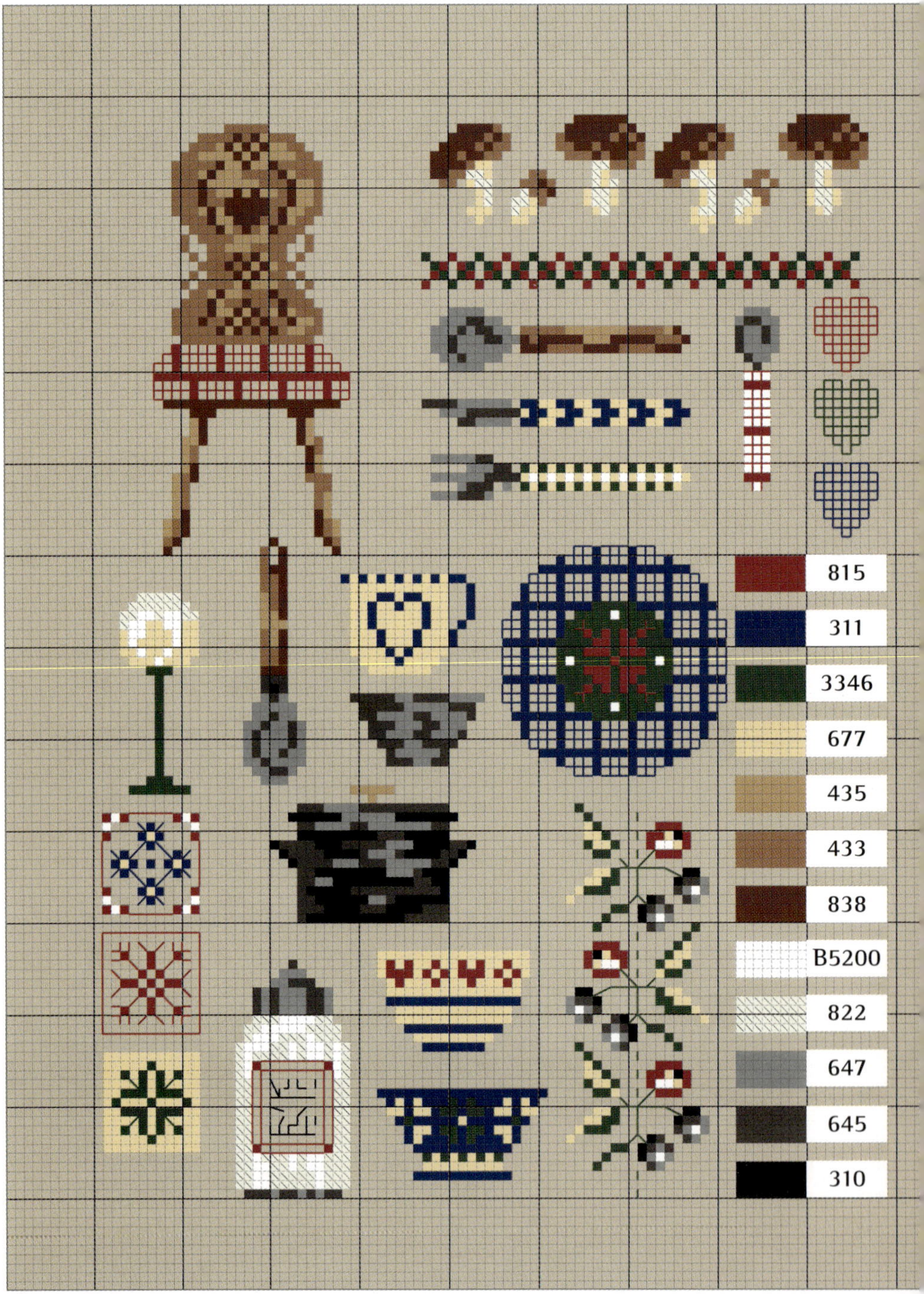
815
311
3346
677
435
433
838
B5200
822
647
645
310

ABCDEFG
HIJKLMNO
PQRSTUV
WXYZ
0123456789
0123456789
ABCDE
FGHIJKLMNOP
QRSTUVWXYZ

754
822
815
402
312
B5200
310

CUISINE

Fraises

CONFITURE DE FRAISES
CONFITURE DE FRAMBOISES
CONFITURE DE GROSEILLES

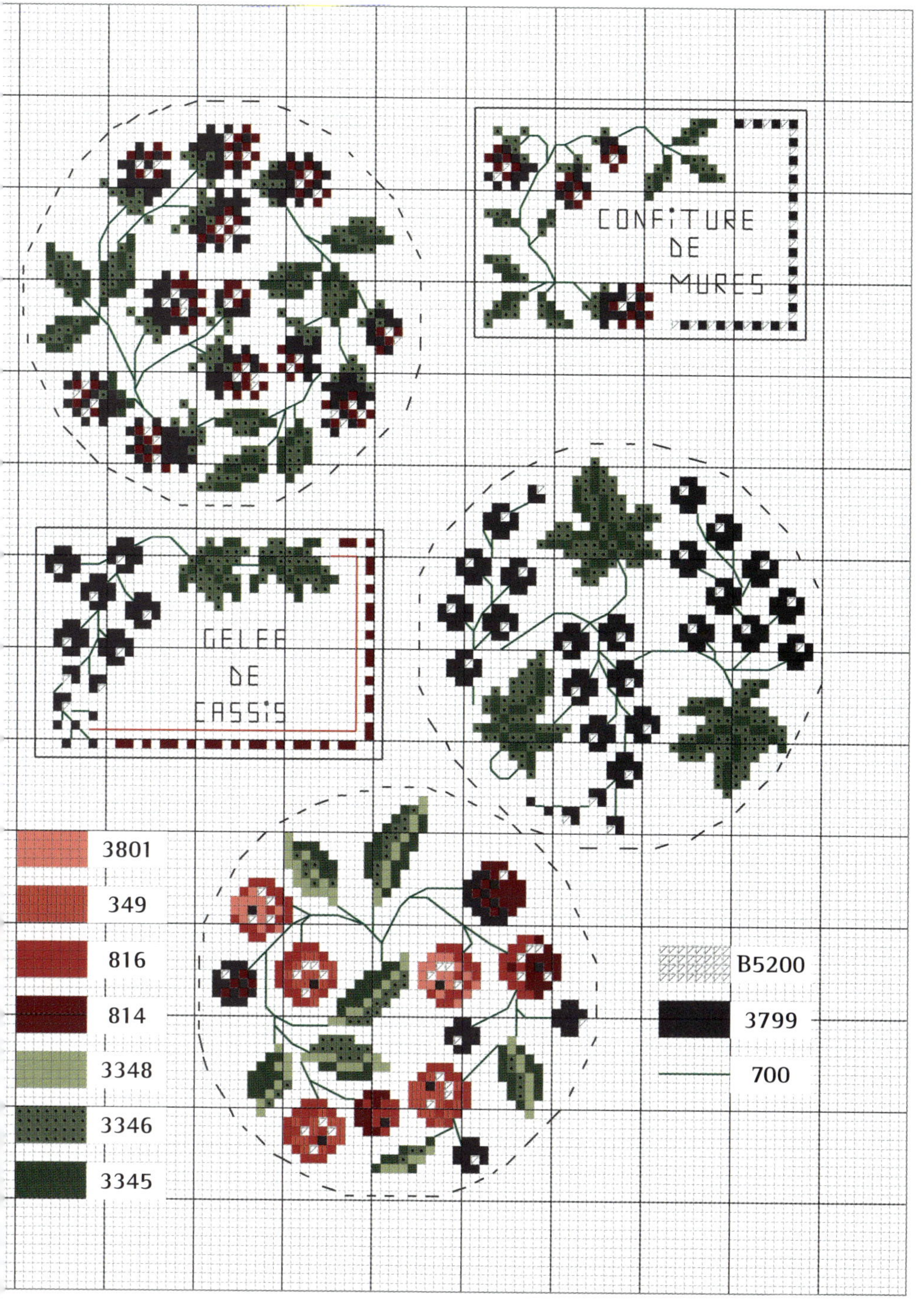
CONFITURE
DE
MURES
GELEE
DE
CASSIS
3801
349
816
814
3348
3346
3345
B5200
3799
700

157	833	3865	648
312	3777	822	3799

3755
312
3346
3348
822

353
3328
3802

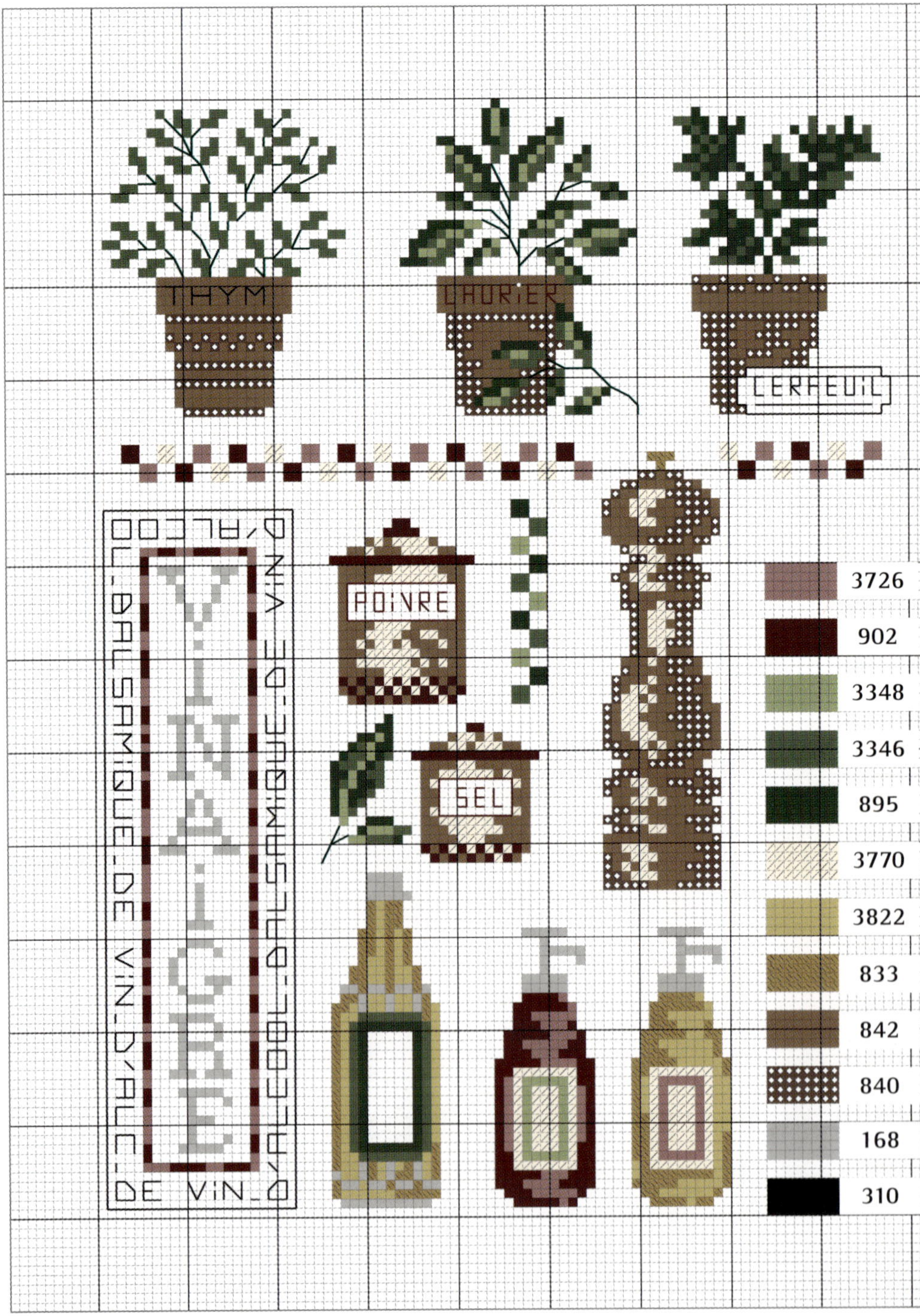
THYM
LAURIER
CERFEUIL
POIVRE
SEL
VINAIGRE
3726
902
3348
3346
895
3770
3822
833
842
840
168
310

PERSiL
BASiLiC
CiBOULE
SEL
EPiCES
SEL
HUiLE
HUiLE

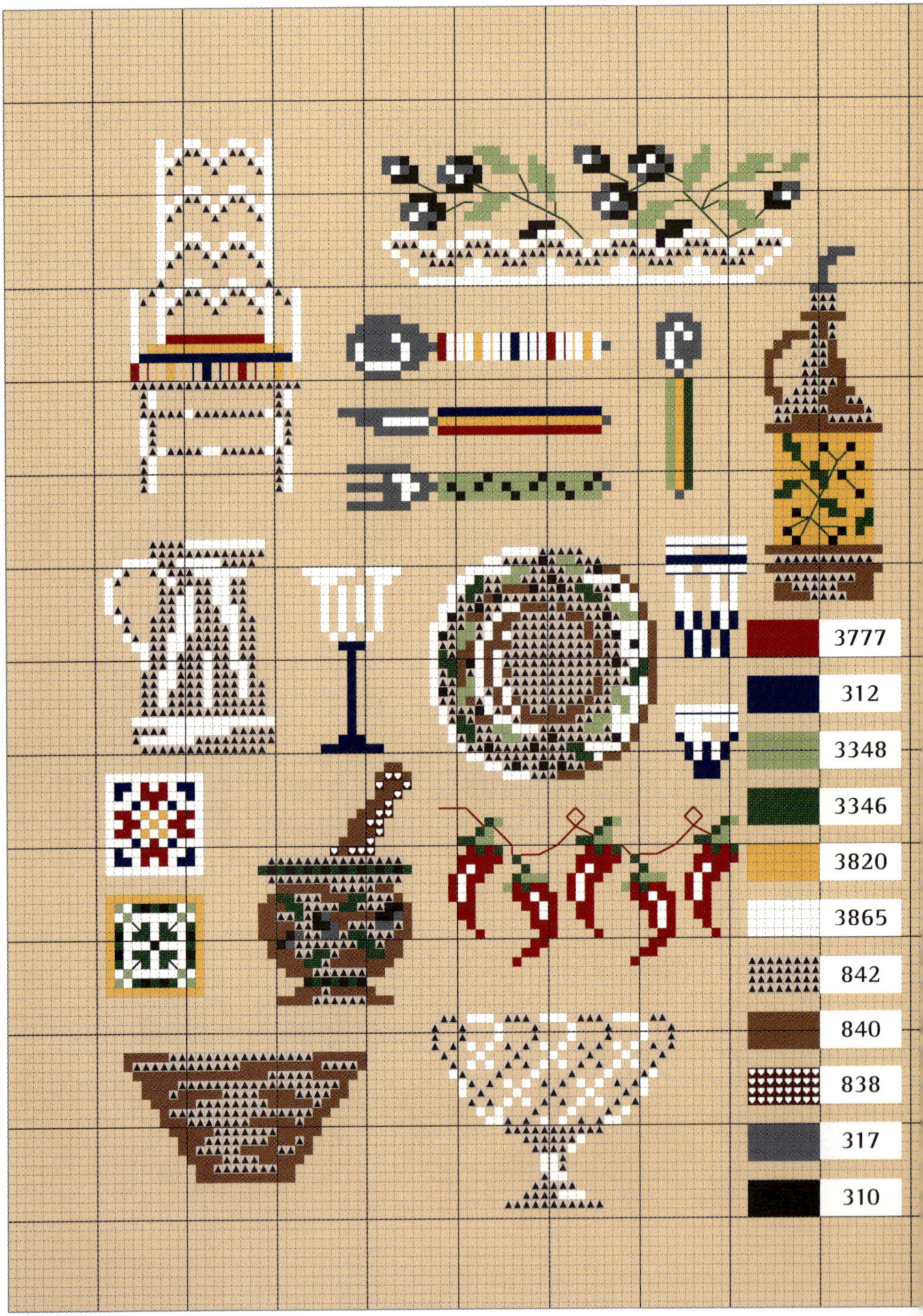
3777
312
3348
3346
3820
3865
842
840
838
317
310

OLIVE

352
350
498
157
3807
164
987
727
3821
3770
9445
435
434
801
Blanc
822
647
645

LEVURE
SUCRE
FARINE

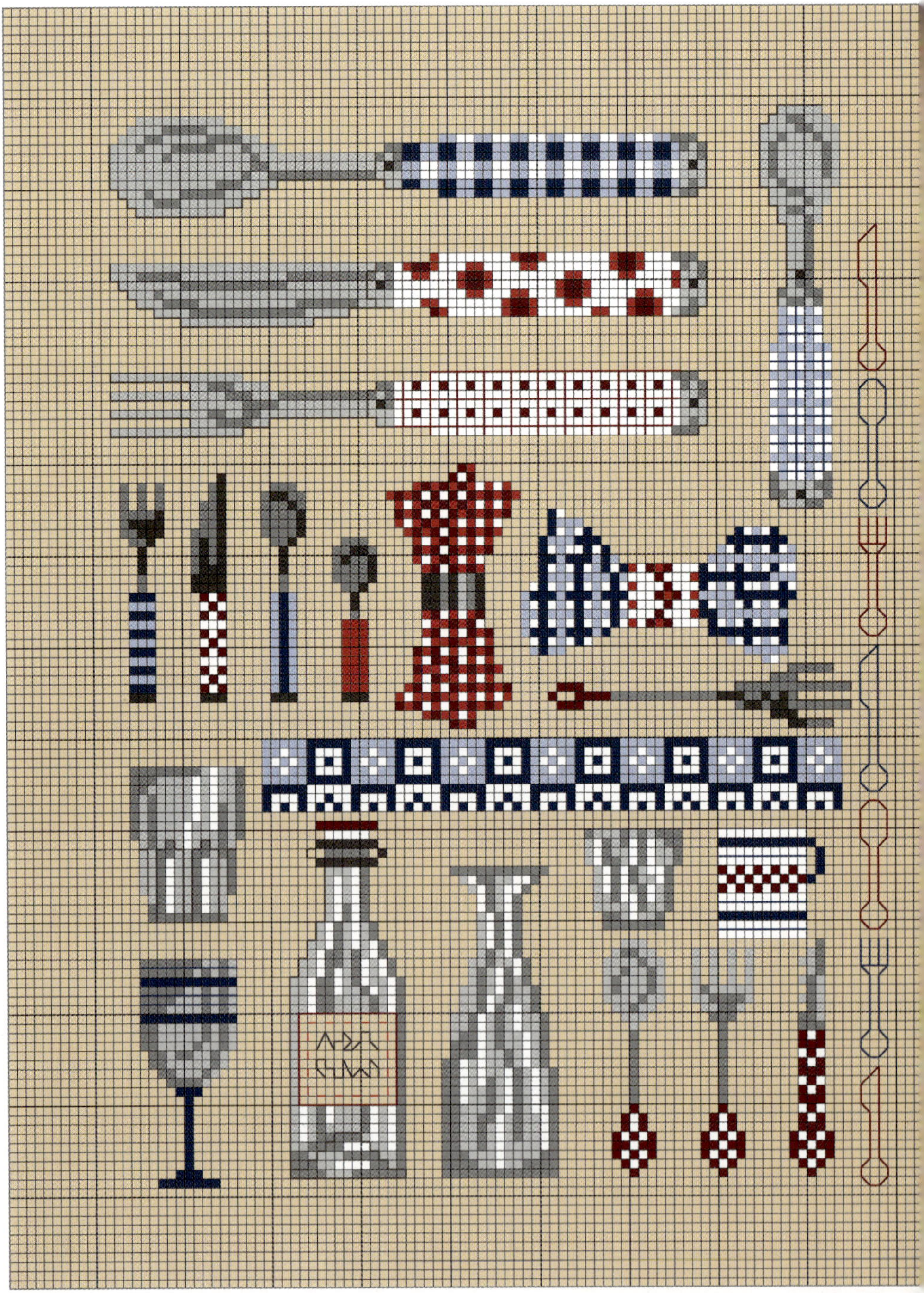

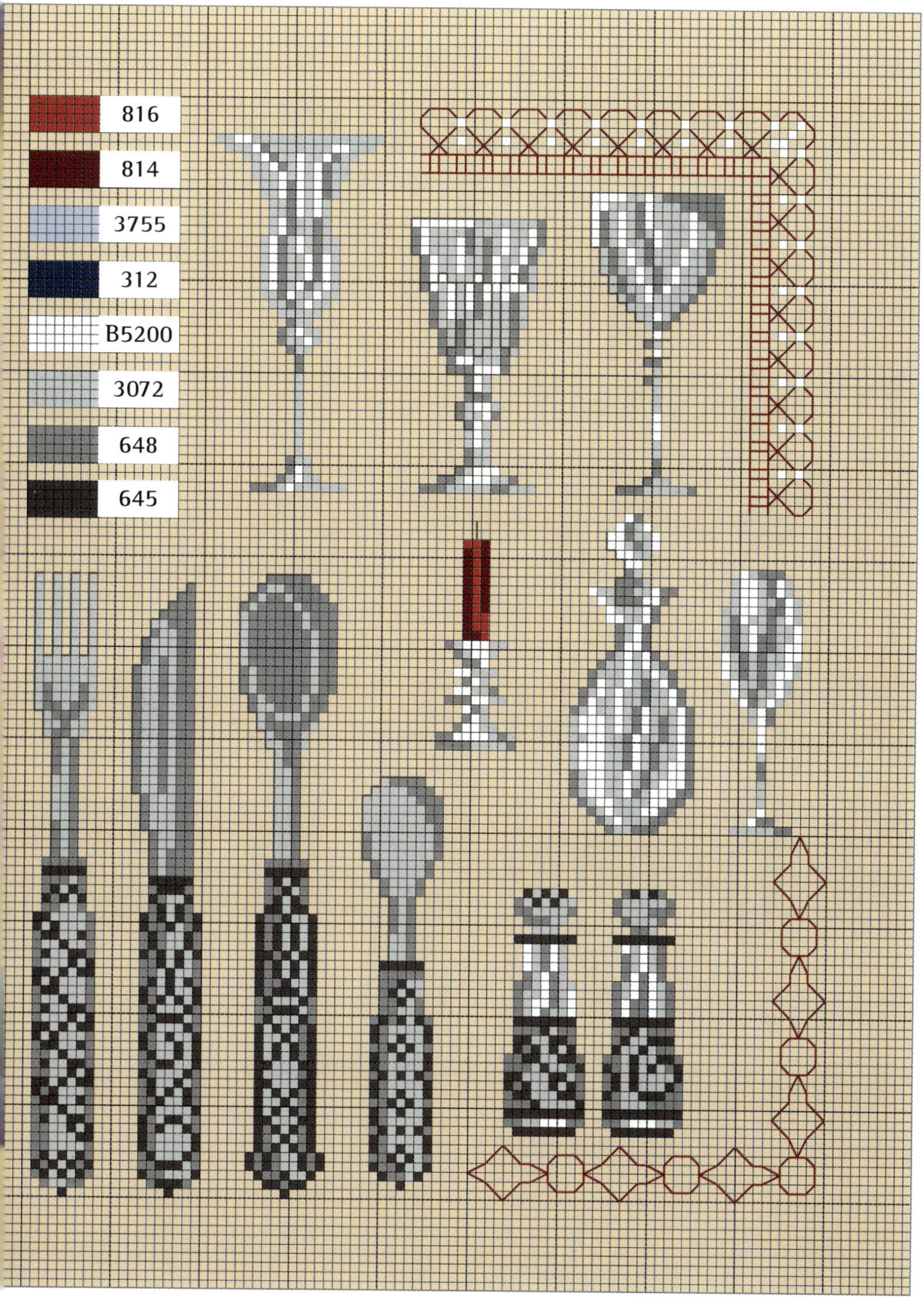
816
814
3755
312
B5200
3072
648
645

	157	904	
351	312	3822	3726
817	470	3770	902

RECETTE
CAKES
SUCRE
_ 3 OEUFS
_ 250G DE FARINE
_ 250G DE BEURRE
_ 250G DE SUCRE
_ LEVURE 1 CUILL A CAFE
_ 300G DE FRUITS
_ 250G DE FARINE
_ 4 OEUFS
_ 1/2 VERRE D'HUILE
_ 1 SACHET DE LEVURE
_ 150G D'OLIVES
_ 150G DE FROMAGE RAPE
_ 150G DE LARDONS
SALE

SAVON

727
728
3755
312
437
842
840
B5200
415
414
310

GRAND_MERE
ONCLE JEAN
350
815
311
164
3818
3820
3770
434
801
B5200
415
414
310

JOYEU
X NOE
L JOY
EUX N
OEL J
OYEUX
NOEL
JOYEUX NOEL

472
470
937
746
677
3823
3822
822
648
645

816
945
311
402
840
648
3770
842
3865
3799

Cuisine

conseils techniques

Une technique facile et amusante

Permettant de créer des ouvrages magnifiques, la broderie au point de croix est toutefois enfantine à réaliser. Le point est des plus simples, il suffit juste de… savoir compter ! Autrefois, il était d'usage dans les institutions scolaires d'apprendre aux fillettes, âgées d'à peine sept ans, la technique du point de croix. Il nous reste de ces temps passés quelques marquoirs ravissants, exécutés par des petites mains agiles et innocentes. Si, comme ces fillettes, vous franchissez le pas, vous constaterez avec quelle facilité vous obtiendrez des résultats remarquables, et ce avec un plaisir évident.

LE CHEF

Le modèle

La broderie au point compté se fait d'après un modèle proposé sous l'aspect d'une grille quadrillée de couleur. Chaque case de couleur correspond à un point à exécuter sur le tissu. Il arrive quelquefois que la grille soit en noir et blanc : dans ce cas, ce sont des symboles qui servent de références pour les couleurs à broder. Un même symbole correspond toujours à une même couleur tout au long du travail. Les cases sans couleur ou exemptes de tout symbole indiquent les endroits qu'il ne faut pas broder.

Si vous débutez dans cette technique amusante qu'est le point de croix, préférez la toile dite Aïda aux toiles Etamine unifil DMC de lin ou de coton. Sa trame a l'avantage de ressembler beaucoup aux cases du modèle. Les plus averties, qui travailleront sur de l'unifil, convertiront sur le tissu chaque case de la grille, en brodant sur un groupe de fils dont le nombre sera toujours identique, tant en hauteur qu'en largeur.

Le point de croix

Nous l'avons dit, le point de croix est élémentaire aussi bien d'aspect que d'exécution. Il se compose tout simplement de deux points obliques entrecroisés. Il peut être réalisé seul, comme sur ce schéma, ou en continu. Dans ce cas, il importe, pour la beauté de l'ouvrage, de broder les croix toujours dans le même sens, c'est-à-dire vers le haut à droite ; puis, au retour, du bas à droite vers le haut à gauche.

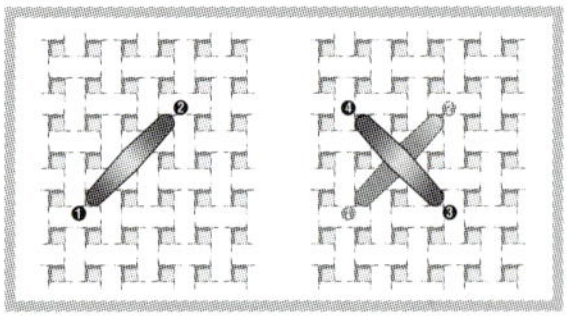

Point de croix simple

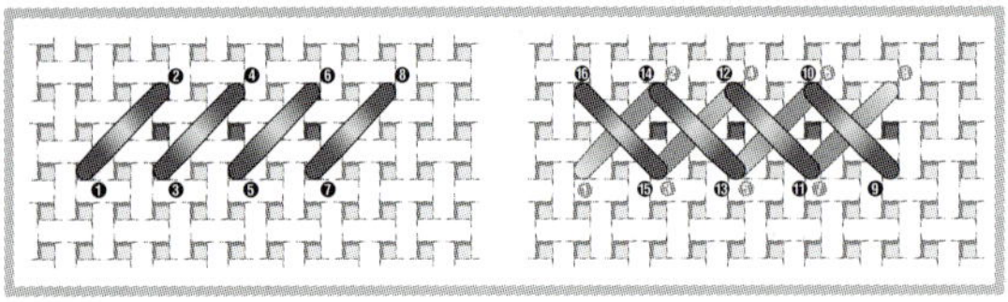

Point de croix en continu

Si vous brodez sur une toile unifil ou sur un fil de toile, achevez toujours un point avant de passer au suivant. Votre travail sera plus régulier.

Les points complices du point de croix

Certains points de broderie s'allient astucieusement au point de croix, soit pour en souligner

Remarque importante

Ne faites jamais de nœud lorsque vous commencez un fil car il se verrait après repassage. Pour commencer une aiguillée, maintenez du doigt un peu de fil à l'envers de votre ouvrage, vous l'enfermerez automatiquement lors de vos premiers points.
Pour achever un fil, retournez votre ouvrage et glissez votre fil sous les trois ou quatre derniers points brodés.

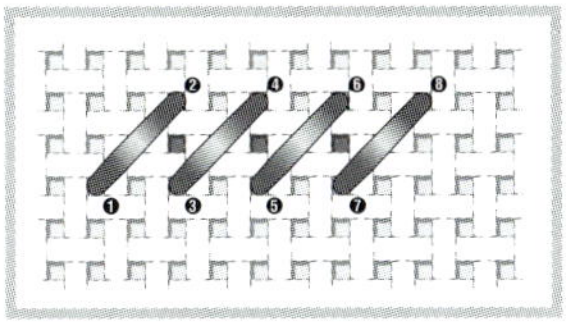

Demi-point de croix, ou point de tapisserie

quelque contour, soit pour créer un détail que le point de croix ne peut rendre.

Ainsi, le demi-point de croix, ou point de tapisserie, permet d'alléger l'intensité des couleurs et de réaliser des ombres sur un fond.

Le trois-quart de point de croix permet, lui, de préciser le mouvement d'un motif, qui sera bien souvent bordé par un point de piqûre. Ce point permet d'éviter les « escaliers » en ce sens que le mouvement retour du fil ferme le point, soit par la droite, soit par la gauche.

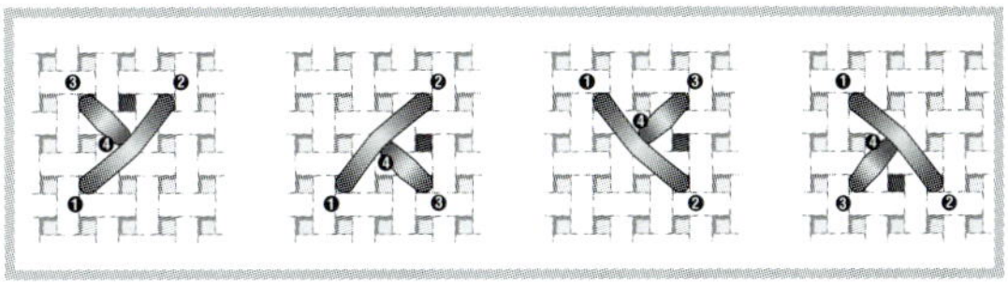

Trois-quart de point de croix

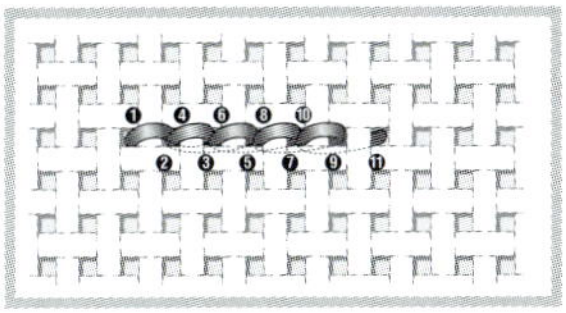

Point de piqûre

Le point de piqûre est idéal pour contourner le motif, accentuer son rendu ainsi que le ferait un trait de crayon. Il s'exécute une fois le motif complet au point de croix terminé. Il se travaille avec un nombre de fils moins important que le point de croix, et le plus souvent avec une couleur d'une tonalité plus foncée.

Enfin, le quart de point de croix s'utilise principalement sur une toile unifil. Travaillé sur un seul fil de toile, il permet de rendre un détail impossible à exécuter au point de croix.

Astuce

Si les brins de votre aiguillée s'entortillent, retournez votre ouvrage et laissez votre aiguille pendre dans le vide. Le fil se déroulera automatiquement pour revenir dans la bonne position.

Quant au point arrière, il se rencontre sur des travaux brodés, aussi bien sur de l'Aïda que sur de l'unifil. Il apparaît parfois dans certains modèles, permettant d'aller d'un endroit à un autre sans que la ligne brodée ait une allure hachée.

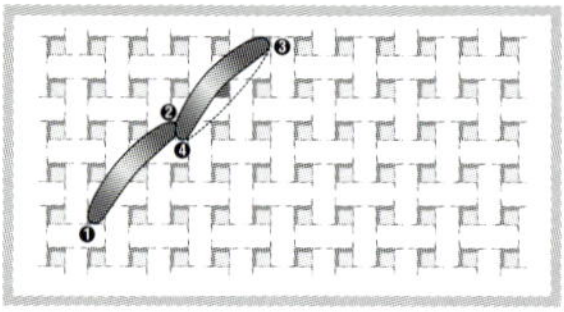

Point arrière

Préparation de l'ouvrage

Avant de broder au point de croix, préparez la toile en surfilant les bords. Cette opération – que certaines remplaceront par l'application d'un ruban adhésif tout du long – évitera à l'ouvrage de s'effilocher. La toile doit être un peu plus grande que l'ensemble de votre broderie afin de pouvoir ultérieurement être encadrée.

Pliez votre toile en quatre pour en trouver le centre, puis bâtissez deux fils, l'un horizontal, l'autre vertical, passant par cet axe et allant d'un côté à l'autre de l'ouvrage. Ces fils serviront simplement de repères pour broder, et ils seront enlevés une fois l'ouvrage terminé. Sur le modèle quadrillé, le centre est indiqué par de petites flèches situées sur les côtés de la grille. Il suffit, à partir des flèches, de suivre du doigt l'axe horizontal et l'axe vertical pour trouver le centre du modèle.

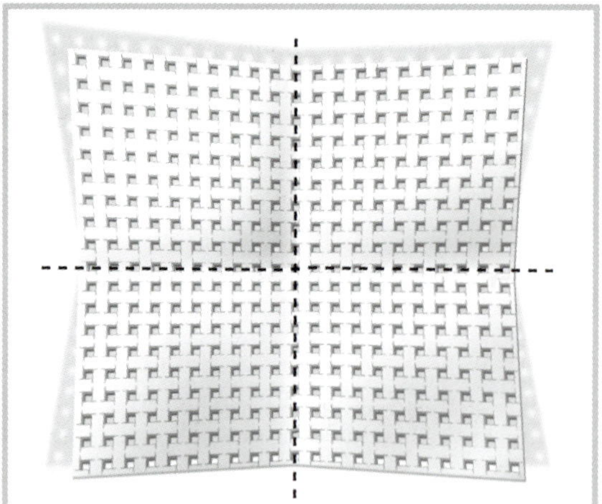

Ne laissez pas de longs fils courir à l'arrière de votre ouvrage. Si les points de croix à broder d'une même couleur sont éloignés de 2 cm environ, vous pouvez glisser votre fil et broder les points suivants. Si les points sont plus éloignés (plus de 2 cm), rentrez le fil sous les autres points, coupez-le et recommencez plus loin.

La finition

Une fois votre broderie terminée, enlevez les fils de bâtis horizontal et vertical qui vous ont servi de repères pour centrer votre motif. Lavez votre ouvrage délicatement à l'eau froide puis, une fois qu'il sera sec, repassez-le sur l'envers à l'aide d'une pattemouille.

Encadrement

Astuce

Pour donner du relief à votre broderie, vous pouvez aussi glisser entre le carton et le tissu un morceau de ouatine.
Dans ce cas, votre broderie ne sera pas mise sous verre mais simplement encadrée par les baguettes, ce qui la mettra en valeur. Vous pouvez aussi suspendre tout simplement votre tableau brodé grâce à des petites baguettes de bois placées en haut et en bas.

Gardez au minimum 7 cm de chaque côté de votre ouvrage pour pouvoir l'encadrer.
Coupez un carton fort d'une dimension à peine plus réduite que celle de votre cadre. Sur votre ouvrage placé à l'envers sur la table, posez votre carton, en le centrant par rapport au motif. Avec un fil solide et épais, lacez ensemble le bord supérieur et le bord inférieur de l'ouvrage. Resserrez le fil régulièrement au cours de l'opération afin de bien tendre la toile. Attention, agissez avec précaution pour ne pas endommager le travail. Faites de même avec les deux autres côtés. Placez ensuite votre broderie dans le cadre, sous verre, et c'est terminé.

Les accessoires

L'aiguille

L'aiguille utilisée pour le point de croix est une aiguille à bout rond dont le chas est plus large que celui des aiguilles à coudre. Son bout arrondi évite à la trame de s'abîmer ; la grosseur du chas permet le passage de brins plus ou moins épais ou nombreux. Ainsi, une aiguille n° 26 conviendra pour travailler avec un seul brin, mais il vous faudra une aiguille n° 24 pour travailler avec deux ou trois brins. La taille de l'aiguille sera aussi choisie en fonction de la trame. Pour vous simplifier la vie, les merceries vous proposent des aiguilles à broder vendues soit en paquets d'une seule taille, soit en paquets de tailles différentes.

Astuce

Un enfile-aiguille est très pratique lorsqu'il s'agit pour une même aiguillée d'enfiler deux ou trois brins ensemble.

Le tambour à broder

Il est parfois nécessaire, surtout lorsqu'on travaille sur de l'unifil ou des toiles très souples, d'utiliser un tambour. Il permet de tendre la toile et, ainsi, d'obtenir des points réguliers. Il existe des tambours à broder à fixer sur la table, mais nous vous conseillons des tambours plus faciles à manipuler et pouvant se transporter aisément.

Astuce

Déplacez le tambour régulièrement et protégez les rebords avec du papier de soie pour ne pas abîmer la toile.

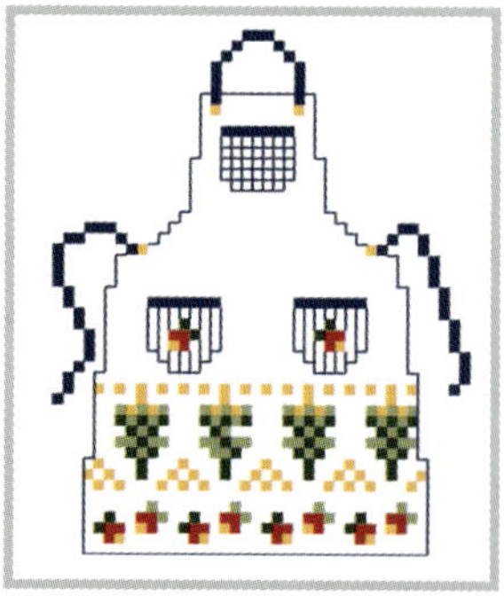

Une paire de ciseaux

Utilisez des petits ciseaux pointus et réservez-les uniquement à votre broderie. Il en existe de fort jolis modèles en forme d'oiseau, ou d'autres accrochés à une fantaisie évitant les perdre. Prenez garde lorsque vous voyagez à ne pas mettre la paire de ciseaux en contact avec votre tissu, qui pourrait alors être troué.

Le tableau magnétique et la règle loupe

En y apposant la grille de votre ouvrage, le tableau magnétique vous permet de suivre plus facilement la ligne de votre modèle. La règle loupe combine non seulement l'avantage de pouvoir aisément suivre le motif, mais aussi celui de l'agrandir, ménageant ainsi votre tension oculaire.

Astuce

Un dé protégera votre médius. Car, si vous devenez une passionnée, vous n'aurez de cesse de prendre et de reprendre votre ouvrage en toute circonstance. L'usage d'un tel accessoire sera alors bienvenu.

Cartons pour ranger les fils

Dans le commerce, des *organiser* – carte de carton perforée près des bords – sont disponibles. Ils permettent de ranger les fils en les insérant et de noter en marge les références.

Astuce

Ne perdez pas la référence des fils que vous utilisez. Ils pourraient vous servir si un écheveau d'une couleur venait à manquer ou si, plus tard, vous aviez envie de recommencer un même motif pour l'offrir.

Vous pouvez aussi employer des cartons de type cartons de laine à repriser, sur lesquels vous embobinerez vos fils. Bien entendu, vous n'utiliserez qu'une seule couleur de fil par carton.
Enfin, il existe des pochettes classeurs où vous pourrez ranger vos plaquettes de carton préparées.

Les toiles classiques

La toile Aïda DMC

Facile à utiliser, l'entrecroisement des fils formant des carrés réguliers, la toile Aïda se présente dans des grosseurs différentes : 3 points, 4 points, 5,5 points et 7 points au centimètre.
Sachez que la taille de votre ouvrage dépendra de la toile que vous choisirez. Moins la toile aura de points au centimètre, plus votre broderie terminée sera grande. Par exemple, une broderie faite sur de l'Aïda 3 points au centimètre sera nettement plus grande qu'une autre faite sur de l'Aïda 7 points au centimètre.
Voici un tableau vous permettant de connaître approximativement la grosseur de la toile en centimètre pour 10 points. Si vous avez déjà une idée de la dimension de votre projet, ces références de conversion peuvent vous être très utiles.

Astuce

Avant de broder, faites un petit essai pour déterminer le nombre exact de brins nécessaires pour la toile choisie.
Trop peu de brins sur l'aiguillée ne couvriront pas suffisamment le fond et l'aspect rendu sera un peu pauvre. Ce qui serait dommage, l'effort fourni étant le même !

Toile Aïda	longueur pour 10 points	nombre de brins à employer
3 points/cm	3,1 cm	3 ou 4 brins
4 points/cm	2,5 cm	3 brins
5,5 points/cm	1,81 cm	2 ou 3 brins
7 points/cm	1,4 cm	1 ou 2 brins

Toile de lin et toile étamine DMC

En lin ou en coton, ces toiles vous permettent de choisir la grosseur de vos points de croix. Elles sont un peu plus difficiles à travailler que la toile Aïda, car elles ne sont pas tissées par carrés, mais cette difficulté est largement compensée par un résultat plus raffiné.

Sur deux fils de toile

Voici, dans le tableau ci-dessous, les correspondances si vous brodez chaque croix en hauteur et en largeur sur deux fils de toile.

Toiles de lin	longueur pour 10 points	nombre de brins à employer
8 fils/cm	2,5 cm	3 ou 4 brins
10 fils/cm	2 cm	2 ou 3 brins
11 fils/cm	1,82 cm	2 ou 3 brins
12 fils/cm	1,66 cm	1 ou 2 brins
14 fils/cm	1,4 cm	1 brin

Toile étamine	longueur pour 10 points	nombre de brins à employer
10 fils/cm	2 cm	2 à 3 brins

Astuce

Si vous brodez sur une toile foncée, mettez un tissu clair sur vos genoux : ainsi vous distinguerez plus facilement les endroits où piquer avec votre aiguille.

Sur un fil de toile

Voici, dans le tableau ci-dessous, les correspondances si vous brodez chaque croix en hauteur et en largeur sur un fil de toile.

Toiles de lin	longueur pour 10 points	nombre de brins à employer
8 fils/cm	1,25 cm	1 brin
10 fils/cm	1 cm	1 brin
11 fils/cm	0,9 cm	1 brin
12 fils/cm	0,83 cm	1 brin

Toile unifil coton	longueur pour 10 points	nombre de brins à employer
10 fils/cm	1 cm	1 brin

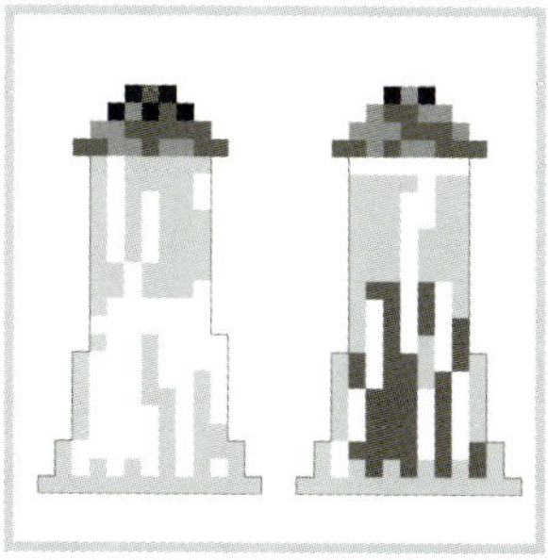

Les toiles prédécoupées

Les toiles Aïda DMC, la toile de lin ou la toile étamine existent dans de nombreux coloris, soit au mètre soit sous forme de coupons.

Ces toiles prédécoupées sont disponibles en deux dimensions : 35 x 47 cm et 50 x 78 cm.
N'hésitez pas à les utiliser...

Les toiles fantaisie

Avez-vous envie de broder une nappe ? une serviette de toilette ? de garnir de motifs un joli torchon ? un bavoir ? Tout existe de nos jours pour vous aider à réaliser vos souhaits et, vous trouverez dans le commerce mille et un supports pour assouvir votre passion naissante ou confirmée.

Astuce

Pour connaître le nombre de fils au centimètre d'une toile destinée à devenir, par exemple, une nappe, placez deux épingles distantes l'une de l'autre de 1 centimètre et comptez les fils qui les séparent.

Imaginons que votre toile ait 10 fils au centimètre et que votre motif soit de 52 points sur 52.
Si vous travaillez sur deux fils de toile :
52 : 5 (10 fils divisés par 2 = 5), votre broderie fera donc 10,4 cm.
Si vous travaillez sur trois fils de toile :
52 : 3,33 (10 fils divisés par 3 = 3,33), votre broderie fera donc 15, 62 cm.

Bien sûr, ces valeurs sont approximatives, car elles dépendent de la façon dont vous brodez, serré ou non.

Les toiles de vinyle ou cartonnées

Elles sont très utilisées pour broder des petits sujets destinés à servir de marque-pages, à constituer des mobiles, des décorations de gâteau d'anniversaire, etc. Il suffit de broder le motif choisi et ensuite découper, soit tout autour du motif à une case de la broderie, soit en fonction de la forme finale de l'objet (par exemple, un rectangle allongé pour un marque-page).

La toile tire-fil

Cette toile unifil spéciale permet de broder sur n'importe quel support textile. Il est indispensable d'utiliser un tambour afin de maintenir la broderie en place sur le support final. La technique consiste à broder le motif à l'aide de la toile tire-fil fixée au support de destination.
Les points de croix se brodent au travers des deux épaisseurs de tissu. Lorsque le motif est achevé, il suffit de tirer un par un les fils de la toile tire-fil à l'aide d'une pince à épiler. Les points de croix resteront sur le support final.

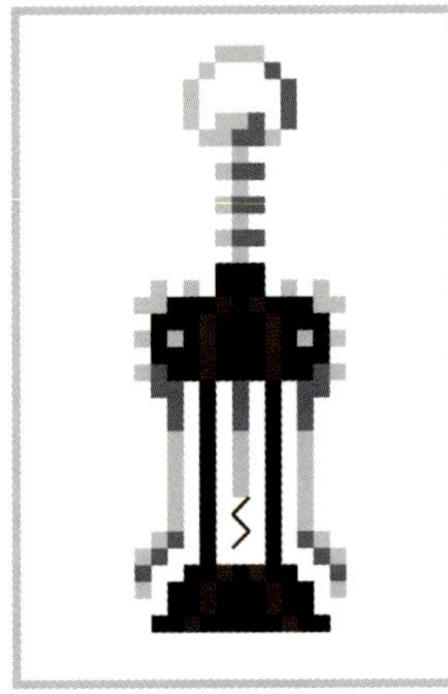

Les fils

Le mouliné DMC

Ce fil est d'aspect brillant, et quatre cent soixante cinq couleurs sont actuellement disponibles. Le fil mouliné est le fil le plus couramment utilisé pour le point de croix. Il est composé de 6 brins, facilement divisibles.

Lorsqu'il est utilisé en dégradé (vendu ainsi tout prêt dans le commerce), il donne au point de croix des effets surprenants sans pour autant exiger plus d'effort de la part de la brodeuse qu'un mouliné uni.

Astuce

Si vous travaillez avec du mouliné dégradé, achevez à chaque fois un point avant de passer au suivant afin de ne pas avoir de différence de tons trop importantes entre les aiguillées. Lorsque vous commencez une nouvelle aiguillée, prenez garde à démarrer par le même ton.
Si vous finissez par un ton clair, redémarrez par un ton clair, et inversement.

Astuce

Le fil métallisé se dédouble facilement au cours du travail, aussi brodez ce fil avec une aiguille à coudre ayant un petit chas et n'utilisez que de petites aiguillées.

Le mouliné métallisé DMC

Deux présentations pour ce fil : soit sous forme d'écheveau à 6 brins, soit sous forme de bobine à trois brins. Seize couleurs existent, dont des couleurs chinées et multicolores.
Vous pouvez aussi mélanger un brin de mouliné métallisé avec un brin de mouliné traditionnel de couleur très proche pour apporter un relief différent à votre broderie. N'hésitez pas non plus à changer la référence du mouliné traditionnel par celle du mouliné métallisé. Votre broderie sera totalement différente et prendra à coup sûr un petit air de fête !
Ce tableau vous permettra de trouver rapidement la correspondance entre la couleur de votre fil mouliné traditionnel et celle du mouliné métallisé.

Métallisés	5272	5289	5288	5291	5290	5287
Mouliné traditionnel	5200	208	316	798	806	413
Métallisés	5282	5283	5284	5279	5270	5269
Mouliné traditionnel	834	762	833	3064	816	3818

Le retors mat DMC

Ce fil non divisible s'emploie pour les grosses toiles de coton.

Le coton perlé n° 3, n° 5 et n° 8

D'aspect brillant, le coton perlé se présente sous forme d'écheveau ou de pelote. Deux cent quatre-vingt douze couleurs existent en coton perlé n° 3, trois cent douze couleurs en n° 5 et deux cent trente-huit en n° 8.
Ce fil d'aspect brillant, qui donne beaucoup de relief aux ouvrages, s'utilise sur des grosses toiles pour broder des nappes, des napperons ou autre linge de table.

Le coton perlé multicolore

Ce fil, aussi appelé le fil de Castelbajac, passe au fur et à mesure d'une couleur à l'autre. Il est à broder avec la même technique que le mouliné dégradé, sur une grosse toile, puisque ce fil est un coton perlé n° 8.

La laine Médicis

Eh oui, vous pouvez aussi utiliser de la laine pour vos ouvrages au point de croix. Sur du lin, la laine Médicis donne un aspect ancien à votre broderie. Elle existe en cent soixante-dix-huit couleurs.

Idées créatives

Conseil aux aventurières

Vous pouvez donner des profondeurs et des styles différents à votre ouvrage en mélangeant les fils existant. Amusant et surprenant, le mélange des matières donne des réalisations très originales. Pour apporter des dégradés subtils à vos créations, mélangez un brin de mouliné clair et un brin de mouliné plus foncé dans la même tonalité.

Jouez aussi avec le nombre de brins de fil à broder selon votre toile ; plus vous brodez avec un nombre de brins importants plus les couleurs sont denses. Au contraire, moins vous utilisez de brins, plus votre broderie sera délicate et légère.
Pour broder au point compté un dessin que vous aimez, il vous faut avant tout le convertir en modèle de point de croix à l'aide d'un papier quadrillé transparent. Il s'en vend dans les merceries de spécialement conçus à cet effet.

Choisissez un dessin simple, des détails trop nombreux risqueraient de ruiner l'entreprise. Posez le papier quadrillé sur le dessin à reproduire et tracez-y le contour au crayon. Afin de réaliser une grille conforme à un modèle de point de croix, modifiez les contours obtenus en adaptant chaque trait au parcours des carrés.

Optez pour le carré supérieur lorsque le trait initial de votre dessin est au centre ou dans la partie supérieure d'un carré, optez pour le carré inférieur lorsque le trait initial de votre dessin est dans la partie inférieure d'un carré. En maintenant toujours votre papier quadrillé sur le dessin original, coloriez ensuite les cases avec des crayons de couleur, en respectant, bien entendu, les couleurs vues par transparence.
Vous voilà maintenant prête à broder votre propre création !

Retrouvez dans la même collection :

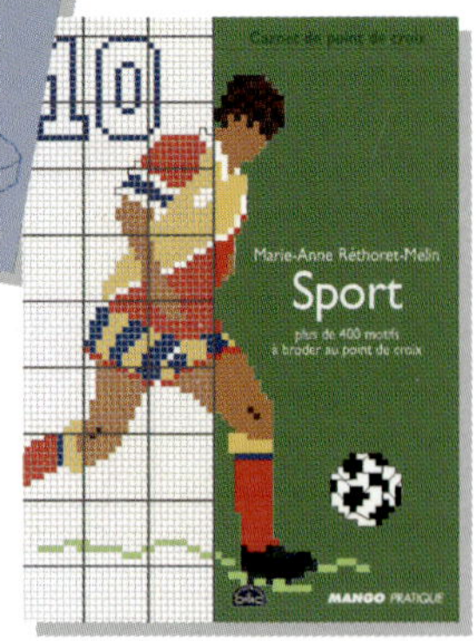

et d'autres...